本书获2014年湖南师范大学青年优秀人才计划资助（编号：ET14108

公共体育服务适度市场化管理模式研究

郭恒涛 / 著

中国社会出版社

国家一级出版社·全国百佳图书出版单位

图书在版编目（CIP）数据

公共体育服务适度市场化管理模式研究 / 郭恒涛著.
-- 北京：中国社会出版社，2019.8
ISBN 978 - 7 - 5087 - 6220 - 3

Ⅰ.①公… Ⅱ.①郭… Ⅲ.①群众体育—社会服务—
研究—中国 Ⅳ.①G812.4

中国版本图书馆 CIP 数据核字（2019）第 188559 号

书　　名：公共体育服务适度市场化管理模式研究
著　　者：郭恒涛

出 版 人：浦善新
终 审 人：尤永弘
责任编辑：陈贵红

出版发行：中国社会出版社　　　　　邮政编码：100032
通联方式：北京市西城区二龙路甲 33 号
电　　话：编辑部：(010) 58124828
　　　　　邮购部：(010) 58124848
　　　　　销售部：(010) 58124845
　　　　　传　真：(010) 58124856
网　　址：www.shcbs.com.cm
　　　　　shcbs.mca.gov.cn
经　　销：各地新华书店

中国社会出版社天猫旗舰店

印刷装订：三河市华东印刷有限公司
开　　本：170mm×240mm　　1/16
印　　张：12.5
字　　数：128 千字
版　　次：2020 年 1 月第 1 版
印　　次：2020 年 1 月第 1 次印刷
定　　价：58.00 元

中国社会出版社微信公众号

前　言

习近平总书记在中国共产党第十九次全国代表大会上的报告《决胜全面建成小康社会 夺取新时代中国特色社会主义伟大胜利》中强调广泛开展全民健身活动，加快推进体育强国建设。国务院印发《关于加快发展体育产业促进体育消费的若干意见》（2014［46］号）提出创新体育机制，简政放权，促进政府职能转变与公共体育服务适度市场化。公共体育服务发展不断升级，群众体育成为我们不断努力的方向。然而，群众的体育需求与实际公共体育服务之间仍然存在诸多矛盾，政府"有形的手"和市场"无形的手"总是在自我完善和相互博弈中进步发展。

本书的主要理论指导基础是公共服务相关理论，以经济、社会发展等理论基础作为辅助理论，从公共体育服务中市场化程度的评价指标与方法角度出发，主要目的是为了探索公共体育服务适度市场化的管理模式、公共体育服务适度市场化的依据和标准、公共体育服务适度市场化发展的运作机制、公共体育服务适度市场化管理步骤、公共体育服务适度市场化管理措施，以及制约公共体育服务适度市场化的主导因素，为实现公共体育服务适度市场化提供理论依据，使其更加科学化、合理化。

对于公共体育服务适度市场化管理模式研究结果表明：

其一，政府和市场相辅相成，互补互控，有限的政府，不完全的市场，独立的第三方，始终离不开政府"有形的手"的管控，政府的管控必须得到多方有效的监督，故政府体育主管部门职能必须要合理定位，严格监督。

其二，近年来，我国社会、经济等方面不断快速发展，居民对市场多元化的需求日益增多。将市场机制引入到公共服务当中，不仅可以提高各部门的供给效率，还可以在一定程度上缓解政府在公共服务方面的供给压力。但是，我国公共体育服务市场化运作的界限或波动区间应在可控范围内，初步形成多元化供给主体的行政型市场化运行模式。在实际操作过程中应该避免多主体重叠供给和发生供给主体责任转移，各个供给主体的供给范围应该有清晰明确的界定，避免在供给过程中产生"缺位""错位""越位"的现象。

其三，市场化是解决公共体育服务政府供给困境的有效途径之一，其实现方式也极其丰富，但是我国公共体育服务市场化的边界限定在政府供给成本高、效益低的领域，在低效率领域的市场化存在市场盈利的困难；追求利益最大化是经济人的参与指挥棒，故不可能所有公共体育服务都走市场化道路，还有许多领域依然需要政府负责提供公共体育服务。

最后，"建设公共服务型有限性政府，充分发挥市场的自我矫正机制，增强市场的完全性和普遍性；充分发挥第三方作用，为政府市场双重失灵解难，让经济法成为市场失灵与政府失灵的双重矫正之法"，规避公共体育服务政府供给失灵和公共体育服务适度市场化问题。在政府和市场都参与公共体育服务产品供给过程中，必须研究我国公共体育服务市场化的合理边际，即公共体育服务的适度市场化问题。

目 录
CONTENTS

第一章

导　论

第一节　公共体育服务适度市场化问题亟待研究

一、公共体育服务适度市场化的背景

（一）公共体育服务适度市场化是公共体育服务事业可持续发展的内在要求

现如今，公众对于体育服务的需求越来越多，所需求的服务类型也随之多样，但是受限于人力、财力、物力等现实因素，政府缺乏相对稳定的提供策略与途径，所提供的服务效率并不高，难以满足公众的现实生活需求。而公共体育服务市场化恰恰可以解决这个问题，它可以有效地提高政府公共体育服务的能力，从社会市场途

径缓解政府财政压力，提高政府公共体育服务的能力，解决供给缺乏等问题。从而将市场融入公共体育服务中来，形成以政府为主导、社会其他多元化属性共同发展的公共体育供给模式。并随着改革深入，市场经济体制在社会主义的环境下不断发展、弥补经济匮乏，提供公众不断完善并健全的公共体育服务需求①，为将来的可持续发展奠定坚实的基础。

（二）公共体育服务适度市场化是完善公共体育服务体系的必然选择

早在 20 世纪 80 年代，欧洲及西方等国家就对公共管理有了新的看法，提出应以政府作为公共服务的主导者，然后引入其他社会上的非营利组织、私人组织等共同发展，实现了一元到多元的转变，同时在公共服务组织的运作中第一次将市场竞争机制引入②。多数学者认为，一套完整的公共体育服务体系应当包括了市场参与。如今我国在发展过程中正处于政府职能的转变阶段，所以在规划公共体育服务体系中应当考虑以政府为主导、引入社会其他部门群体参与，把握住市场机制这个关键因素。国家发改委、体育总局《关于印发"十二五"公共体育设施建设规划的通知》③ 中提到了

---

① 李丽，张林. 体育公共服务：体育事业发展对公共财政保障的需求［J］. 体育科学，2010，30（6）：53—58.

② 周晓丽. 新公共管理：反思、批判与超越——兼评新公共服务理论［J］. 公共管理学报，2005，（1）：43—48.

③ 国家发展改革委、国家体育总局. 关于印发"十二五"公共体育设施建设规划的通知［EB/OL］. 2012—09—18.

有关公共体育服务设施建设规划的几项基本原则：一是以服务群众作为面向基层的第一目标；二是实现以政府为主导、多方参与的格局；三是鼓励引进与开放，利用好现有资源；四是走可持续发展之路，并鼓励创新。从这几项原则我们可以清楚地了解到：公共体育服务事业首先还是面向群众层面等的基层，走可持续发展之路；以各级政府作为服务事业的主导力量，并鼓励社会其他事业、组织积极参与，充分利用当地的资源，通过职能分工，明确各个单位、组织等的工作任务，在自己的工作范围内积极发挥自主能动性，积极创新，提高工作效率；实行营利性和非营利性分开的原则，发挥政府在资源配置上的优势作用，鼓励公建民营、委托管理、购买服务等方式，扩大服务供给，切实提升公共体育设施的利用率和运营能力，使其更加社会化、市场化。

（三）公共体育服务适度市场化是建设全民健身、全民健康的时代应然

我国公共体育服务作为公共服务政府的一个重要组成部分，在自我完善和外部要求的变革中必然需要紧跟我国公共服务型政府建设的要求和步伐。自党的十七大提出建设服务型政府，将现有的全民健身与习总书记所提出的全民健康相融合，把全民健身事业纳入国家战略决策中来，国家体育总局于 2016 年在政府官网发布了《体育产业发展"十三五"规划》，其中明确指出了：将体育服务行业的增值比提高到 30%，参与并从事的人数达到 600 万人，届时中国的体育产业发展的规模要超过 30000 亿元，在 2020 年全部实

现。健身休闲业、场馆服务业等作为发展的重点行业。2017 年 10 月 18 日，习近平总书记在党的十九大报告《决胜全面建成小康社会 夺取新时代中国特色社会主义伟大胜利》中强调广泛开展全民健身活动，加快推进体育强国建设。从目前我国市场成长的速度来看，表现出了明显的分化现象，近两年出现了几十家上市成功的相关体育企业，正在面临一个正向增长和负向增长的分化时期，公共体育服务市场化需要有一定的边界。

我国公共体育服务作为公共服务政府的一个重要组成部分，在自我完善和外部要求的变革中必然需要首先坚守我国政府的根本要求，然后建立公共服务体系。这是全面完善我国社会主义市场经济体制的必然要求，是我国体育事业体制发展过程中弥补市场缺陷的必然要求；是让我国快速适应社会发展现代化、城市化、工业化等变化的必然要求，是满足公众越来越强烈的社会公共需求的必然要求。同时，我国目前所要求的公共体育服务适度市场化是我国政府职能从"以经济建设为中心的发展职能向经济增长和社会发展并重的发展职能转变"的需要，是"政府以物质资本为中心的发展向以人力资本为中心的发展转变"的需要，是"政府以产业经济政策为中心促进经济增长向创造平等竞争的市场服务环境与经济发展同步转变"的需要，是构建社会主义和谐社会的必然要求。

（四）公共体育服务适度市场化是建设服务型政府的客观要求

2012 年 11 月党的十八大报告提出"将建设服务型政府，其根本特点应当包括科学的职能分工、结构简单优化、廉洁高效、群众满意"。"服务型政府首先是以为了公民群众的服务为根本目标，以公民的集体意志通过相关的政策法规进行组建，是以公民本位、社会本位作为指导理念，从而建设能满足公众需求的服务型政府。"①公共服务不再是单一的主导，而是面向多元化主体共同参与。政府部门不再享有独断者的权利，其从中心位置逐渐转变为协调、沟通、激励的角色。通过与社会上非营利、营利、其他组织、社区、私人部门共同合作管理，从而实现公共服务供给的社会化和市场化②。社会发展的过程必然伴随着改革。面临着公众对于社会服务需求的压力，从"经济建设型政府"转向"公共服务型政府"是一个必然的过程。建设服务型政府必须明白它是一个绩效政府的特点，它必须要有效率及效益特征，所以，就必须探索如何健全并完善一套完整的公共服务体系，如何突破旧的供给模式实现创新供给方式，提高供给的效率。

（五）公共体育服务市场化是提高公共体育服务绩效的重要手段

在我国体育事业所面临的新时期、新挑战、新机遇的形势下，国家体育总局根据党中央和国务院的要求制定了《体育事业发展

---

① 刘熙瑞. 服务型政府——经济全球化背景下中国政府改革的目标选择 ［J］. 中国行政管理，2002，（7）：5—7.
② 彭向刚，王郭强. 服务型政府：当代中国政府改革的目标模式 ［J］. 吉林大学社会科学学报，2004，（4）：123—124.

"十三五"规划》，作出了一系列计划及部署①，在规划中明确指出了公众对社会体育服务需求的不断增长和政府现有提供社会体育服务的能力与资源不足之间的矛盾，这是当前所面临的最主要的矛盾。在大众体育设施方面，政府所提供的资源配置出现了明显不足的态势。在群众体育不断快速发展的今天，公众对于基础场地设施等的建设、社区体育组织体系的建立、社会指导员的科学健身指导等方面的要求在现有的服务水平很难满足，这也是在体育强国建设之路上一个最基础也是最重要的建设环节。由于各地经济发展的不平衡，以政府单一的力量很难对各个地区提供相同的体育服务供给，从而导致供给中出现数量不足、效率低下、公众不满意等一系列问题②，如果只依靠政府单一的供给途径，不仅会给政府带来压力，而且也会影响其他各类体育组织、协会的发展。所以，在公共体育服务的实施上，把握好社会其他因素及力量，引进市场机制，发挥政府的配置优势，积极调动社会体育企业、组织、协会多方面的参与，可以有效地提高体育服务的效率及缓解政府的压力。从而打破政府垄断局面，实现社会参与、社会良性竞争，积极引进市场竞争模式，改革原来的公共服务模式及政府的运作体制，进一步提高公共服务的效率，在实践中吸取经验教训，改进市场运作模式，

---

① 国家体育总局政法司. 体育事业发展"十二五"规划 [EB/OL]. (2011—04—01) [2012—09—01]. http：//www. sport. gov. cn/n16/n1077/n1467/n1843577/1843747. html.

② 郇昌店，肖林鹏，杨晓晨. 我国公共体育服务研究框架探讨 [J]，山东体育学院学报，2009，25（2）：4—9.

确保健康的公共体育服务市场化的变革有效地进行。摸清我国市场经济发展、改革的实际情况，结合国际社会上政府改革成功模式经验，在理论上探讨我国与其他国家之间不同的社会情况，在实践上探索基础建设实际情况，引入合适的市场化工具，提供完善的公共体育产品、创新公共体育服务，了解公共体育服务与市场机制之间的关系，进一步完善公共体育服务管理相关理论，为指导公共体育服务管理实践提供理论依据。

二、公共体育服务适度市场化研究的目的和意义

（一）公共体育服务适度市场化研究的目的

当下，在某些国家，政府在公共体育服务事业市场化方面已经取得了一定的成绩。由于相关体制的不同，一些国外政府积极鼓励社会上其他组织、企业等投资、参与市场化，并提供一系列政策的支持，而社会上私营的部门又依赖于政府的相关政策，二者各取所需，在一定程度上达成了一致，既引进了社会力量，又缓解了政府部门财政压力，从而提高了政府供给公共服务的能力，满足了公众的需求。随着我国经济的不断发展，市场经济模式的建立，公共服务市场化的改革已经悄然开始，但是在理论方面还缺乏对公共体育服务领域的指导，这就要求我们必须借鉴国外的成功模式及方法路径，结合我国实际情况，构建一套完善的适合我国公共体育服务发

展的市场化体制，以充分发挥政府的主导力量及资源配置的优势，积极引进社会力量，提高公共体育服务事业的能力，实现公共体育服务科学化、合理化的发展。

（二）公共体育服务适度市场化研究的意义

随着经济的转型，我国当前的公共体育服务模式已经很难适应我国经济的快速发展。由于我国在政府的公共职能改革方面的工作推进比较缓慢，尽管进行了积极的探索，但是由于公共体育服务领域方面还有诸多未涉及的地方，导致公共服务职能方面匮乏，公共体育服务市场化的研究到目前为止还没有建立一套完整的体系，从而引发了很多矛盾，本研究的意义主要体现在实践意义和理论意义这两个方面。

1. 理论意义

为了更好地为公共体育服务事业提供理论依据，并构建一套完善的市场化理论体系，其理论意义具体体现在以下几方面：

一是公共体育服务的市场化研究目标，主要是针对在市场环境中发现并弥补政府单一供给导致的效率低下、总量不足等问题；同时针对公众对于公共体育服务所反映的涉及体育项目种类少、设施场所覆盖范围小、保障水平不高、资金不足、回应性较差等问题。在政府进行改革的措施中，将市场机制引入公共体育服务是必然潮流。改变政府垄断现象，转变其职能，形成以政府为主导、社会多元化共同发展新模式，加强政府的协调、沟通、监督、管理能力，将市场化机制引入公共体育服务，不仅为其他公共体育产品扩大了发展、传输途径，还满足了日益增长的公共服务需求，从而保障公共体育服务能够更好地在公众中开展。

二是近年来我国市场化机制的公共体育服务开展的程度并不高，同时缺乏专业的相关理论指导。加强对公共体育服务市场化的研究，不仅可以完善公共体育服务管理等相关理论知识，还可以成为公共服务体系中的一个重要环节。借鉴国外市场化的成功模式，学习其改革发展的方式方法，结合我国实际情况，构建一套适合我国国情的公共体育服务市场化理论机制，为丰富公共体育服务管理理论提供实践基础。

三是公共体育服务市场化主要面向的是基层群体。这样既满足了公民经济的自主权，推动了市场化机制的发展；还促进了基础层面的体育经济发展，满足了公众对公共体育服务需求越来越多元化的要求。

2. 实践意义

以目前的发展来看，我国的公共体育服务存在以下缺憾：供给方式单一、供给效率低、资金投入不足等。为了实现我国公共体育服务的长远发展，完善其理论基础，要努力构建市场化机制，使其更加合理、科学，力求达到资源合理配置使用。在实践中主要从以下几个方面来体现：

一是打破政府垄断形式，积极引进市场化机制，促成良性的竞争局面，发挥政府在资源配置上的优势，调动社会多元化力量积极发展，在一定程度上减少政府的财政开支，这样不仅提高了政府部门干事的有效性和积极性，还可以加速廉洁政府、有效政府的建设。

二是为了进一步提高我国公共体育服务市场化的水平，确保在引进市场化机制的同时公共体育服务能够科学、有效地进行，要制定一套完善的市场化改革政策，并积极推动政府职能、体制、服务等模式的改革。

三是为了适应经济国际化、全球化的要求，借鉴国外在公共体育服务市场化改革中取得的经验及方法，结合我国国情实际，引进市场化机制，力求实现公共体育服务市场走向国际化。

第二节　公共体育服务适度市场化研究的进展

一、关于公共体育服务的研究

（一）"体育公共服务"或"公共体育服务"

刘亮（2011）等在研究中指出①，研究一个理论，首先要厘清

---

① 刘亮. 我国体育公共服务的概念溯源与再认识［J］. 体育学刊，2011，18（03）：34—40.

它的内涵。探索"体育公共服务"的概念内涵，不仅可以丰富研究逻辑顺序，还对指导体育的实践有着重要的意义。从内涵层面来看，"体育公共服务"与"公共体育服务"的重心落点位于"服务"二字，核心落点位于"服务"一词，其本质所要表达的就是公众的体育需求与政府供给过程中的价值选择以及利益取向。从概念维度来看，"体育公共服务"主要的落地是"公共服务"，因而在对公共服务的研究上，很多学者将其分为三个属性：经济性、维护性、社会性。基于此，"体育公共服务"则主要落足于社会公共服务，是在社会公共服务上加上"体育"这个专属特征，它的理论来源主要是公共产品理论及公共管理理论。

郇昌店（2009）等在研究中提出①，从学术规范角度来看，通过以科教文卫几大公共事业作为原始依据，借鉴其他"公共教育服务""公共文化服务""公共卫生服务"和"公共科技服务"等专业术语的命名来看，可以认为社会服务命名格式应是"公共＋公共使命专属名词＋服务的种类"，所以认为"公共体育服务"是规范性术语。

陈斌和韩会君指出②，概念的争论是对某一项研究领域的必然开端，"体育公共服务"及"公共体育服务"，哪一个概念更为合理，主要取决于从"上位概念"或是"下位概念"哪一个开始，

---

① 郇昌店，肖林鹏，李宗浩，杨晓晨. 我国公共体育服务发展述评［J］. 体育学刊，2009，16（06）：20—24.
② 陈斌，韩会君. 公共体育服务概念的科学认识——基于术语学的视阈［J］. 广州体育学院学报，2015，35（02）：7—11.

这要从逻辑、学术用语规范、语法构词、语言合理等多个方面进行科学、规范的探讨。尽管争论一直持续，但从中我们也得到了启发：要从不同角度、不同层面来讨论、思考，为以后体育领域及其他领域的学术用语提供一定的经验借鉴。作者认为，争论一直持续的原因，主要是现在没有一套科学的规范用语标准考量，所以统合大多数学者的意见，该文认为，提出科学的学术语言及名词词汇，应要遵循以下原则：一是要符合一般性用语规范；二是要尊重客观历史事实；三是要遵循科学依据；四是要实时关注社会的反应。

综上，所谓的公共服务其主旨要求是面向基层公众。为了实现公共利益，并以此为主要目的，采取以政府为主导、其他多元化主体参与的形式，满足公众对不同类型、不同属性的产品及服务的需求。而在公共服务中，体育公共服务只是其中的一小部分，其拥有公共服务的各种属性及特征，其主要的区别就是概念的延伸性较公共服务狭窄。

从产品属性的视角和组织视角研究，"体育公共服务"或"公共体育服务"这两个概念都指向同一事物，即含有体育专属特征与特性的公共服务，都强调其公共属性重点落于体育服务。现在所讨论的"体育公共服务"及"公共体育服务"都是为了对体育领域中的公共服务进行说明，属于不同用语但是却表达同一概念。究竟哪一个属于规范性用词，还有待进一步的讨论①。从规范用语的角

---

① 吕树庭，王菁. 体育公共服务，还是公共体育服务——概念间关系的梳理与辨析［J］. 广州体育学院学报，2016，36（01）：1—6，56.

度出发，本书倾向于"公共体育服务"。

（二）关于公共体育服务产品属性的研究

公共体育产品的属性特征为开放性，私人体育产品属性特征为封闭性。相比较而言，两种体育产品主要是指在消费类型和使用机制上的区别，所以称之为准公共产品较为准确，也可以按照属性类型区分为"物质型"和"非物质型"。

（三）关于公共体育服务供给的研究

现阶段的研究中，公共体育服务供给内容主要以 3 个议题为中心：一是谁来供给，其主导者是谁；二是供给什么类型、属性的物品；三是供给的方式、渠道。郝利玲[①]在《我国公共体育服务多元供给的协同创新模式及推进路径》中提出公共体育服务要形成多层次、多主体、多方式的多元化供给模式。

（四）关于公共体育服务发展取向

在现阶段的研究中我们发现，公共体育服务出现了不同走向。第一种就是尊重效率，以此为主的公共体育服务市场化改革，其重点是依靠市场机制提供供给渠道；第二种就是均等化公共体育服务的发展，其主要依靠政府进行供给。郇昌店等在研究中提出：均等

[①] 郝利玲. 我国公共体育服务多元供给的协同创新模式及推进路径 [J]. 上海体育学院学报，2017，41（06）：54—58，65.

化的公共体育服务的模式，其特征主要在于"平衡"，要求让社会上的"特殊群体"得到一样的待遇，以"社会公平、公众共享"为目标，旨在找到效率与公平之间的平衡点进行发展。黄恒学则提出了发展公共体育事业，首先应优先发展社会、学校的体育事业，要对我国的体育职能进行重新调整。

综上所述：我国在公共体育服务的研究上，重视中国特色的公共体育服务价值，初步形成了一定的价值体系和内容体系。在实践上，认同以政府为主导的发展模式。但是从总体情况来看，在理论层面和实践层面的研究还有诸多不足，我国公共体育服务的发展现状依然存在很多的矛盾。

从理论层面的研究来看，主要存在以下不足：

（1）基础研究薄弱。首先对"公共体育服务"的学术用语到现在也没有一个统一表述；其次，公共体育服务在体育领域中与其他体育服务容易混淆，没有突出其主要区别；最后，对其所表达的"是什么、为什么"的研究不够深入。

（2）研究具有一定局限性。在研究过程中我们发现，很多学者就公共体育服务的理论研究很多，但是很少有人对其内容、职能等方面进行研究。而且在研究领域中，主要集中在经济领域等方面，其他方面涉及比较少，从而导致公共管理的理论发展及延伸受到局限。

（3）研究范围过于狭窄，可操作空间不大。在研究过程中，大多集中于概念、体系、结构等静态主体的描述，而涉及效率、渠道的动态方面的描述不多，也没有深入的对市场化机制的探讨。对于政府和市场两者之间的关系，特别是第三方组织的作用机制，其研究远远不够。

从实践层面的研究来看：政府加大了对公共体育服务开展的扶持力度，但是由于动作比较缓慢、时间不长，一直处于摸索阶段。现在公共体育服务的发展仅仅停留于提供体育相关服务或者相关产品，与我们所期盼的效果跟类型存在一定的差距，从而导致供给与需求之间矛盾加深，使得政府的供给效度受到制约，公共体育服务的水平并没有得到明显的提高。

（五）公共体育服务研究现状简评

得益于我国学者长期对公共体育服务相关理论的研究，尽管国内的公共体育服务的开展时间并不是很长，但是，也取得了一定的成绩，这要感谢他们做出的努力。很多学者在研究公共体育服务时，从基础理论开始，围绕着实践、理论进行多维度的探索、研究，为政府制定公共体育服务相关的政策法规提供了理论基础和实践依据。

为了进一步开展研究，在对查阅的文献进行分类、整理、研读、理解中，笔者发现很多学者就公共体育服务领域方面形成了共识，但在某些方面还是存在着一些分歧。

（1）共识：一是公共体育服务的供给，体现了政府的职能工作。二是目前我国公共体育服务的主要矛盾体现在：公众需求的多样性与供给的单一性。三是以政府为主导、社会力量多元化发展是市场化的必然途径。

（2）分歧：一是对于公共体育服务的领域、使用、适用范围等问题的认识还存在着分歧。二是在学术规范上面"公共体育服务"与"体育公共服务"的概念一直存在争论。

（3）不足：一是在理论体系方面，目前为止没有一套完整的支撑体系。在已知的领域当中大多集中于概念、现状、均等化等内容的描述，但是在对公共体育服务的评估、标准、效率、渠道、形式等方面的论析涉及较少。二是理论与实践不均衡。文献多集中在理论的描述和研究上，政府在公共体育服务等方面的实践探索较少，典型性案例剖析不多。三是缺乏创新与前瞻。现有的研究都是对以往研究的再研究，没有创新，很少有对未知领域的探索。

二、关于公共体育服务市场化的研究

（一）关于公共体育服务市场化理论基础研究

在研究过程中发现，我国的公共体育服务市场化的矛盾主要集中在三个方面：一是缺乏理论支撑，公共体育服务市场化没有完整的理论体系。二是对公共体育服务市场化的研究停留于表层，内在和外在因素没有进行深入的探究。三是缺乏实践经验，对未来发展的未知影响因素把握不准确。从理论基础来看，主要是借助了公共物品理论、公共选择理论、新公共管理理论，并以此为基点，在探讨中说明：市场化机制主要通过多元力量进行有效的竞争和不断合作来体现，并成功地建立这一有效机制，形成政府、私人企业、社会组织等全方位的、全领域的共同发展，以此来弥补政府供给不足，实现经济与利益的最大化发展。在内部因素中：要探析供给与需求之间的矛盾，活化政府与企业、个人之间的关系，统筹兼顾，共同发展。在外部因素中：要减少政府行政权力过多的干涉，要发挥政府资源配置优势，协同社会力量共同发展，并借鉴国外市场化的成功经验，积极落实。一些学者认为，我国公共体育服务发展必须借鉴国外比较成熟的先进体制和机制，必须清楚认识国情及消费群体对公共体育服务的实际需求及消费的能力。在此基础上，他们提出：在我国公共体育服务市场化过程中，政府要积极完善制度建构，要鼓励社会力量积极参与市场化，也要积极鼓励第三方组织的参与，实现多元化的发展。王美红①等的《公共体育服务市场化的困境及对策研究》重点论述了政府在公共体育服务供给制度模式中的主体地位和责任，认为要根据我国现实情况，开创政府主导、其他社会因素共同发展的局面，提出了公共体育服务应构建"一主多元的协同合作"供给制度模式及与其相适应的综合多元治理机制。

---

① 王美红，李淑媛，张冬梅. 公共体育服务市场化的困境及对策研究——以吉林省四平市为例［J］. 中国学校体育（高等教育），2014，1（09）：18—21.

陈斌①通过对体育公共服务的市场化改革的内涵、动因和制约因素的探析，认为市场化的主要目标是：供给方式由单一转向多种渠道，供给方式可以根据需求进行改变，供给目标可以根据供给产品来选定。刘玉②在《体育公共服务市场化改革——发达国家经验及借鉴》中分析了国外体育公共服务市场化研究的成功案例，指出市场化机制所表达出来的共性集中在：可调控的手段、供给渠道的多样性、公共政策的支持、适用范围的广阔性、法律支持的综合性、政府合理主导的效率性。李亚男③认为，在市场化的过程中，要努力形成以政府为主导、多元化发展的格局，并合理利用政府的配置优势，发挥市场化的主观能动性。

（二）关于公共体育服务适度市场化方式研究

研究认为，我国公共体育服务中可以应用的市场化方式有：其一，给予一定特权，准许经营，可以用购买、租赁、建设等有效途径和形式获得经营权后进行转让，在公共体育设施经营中，特许经营适用性较强。其二，合理改革形成公共体育服务供给的内部市场。内部市场本身是营利性组织的管理手段，引入公共产品供给中，非营利性组织具有十分重要意义。其三，认为体育服务消费者

---

① 陈斌.体育公共服务的市场化改革的内涵、动因和制约因素［A］.中国体育科学学会（China Sport Science Society）.第九届全国体育科学大会论文摘要汇编（3）［C］.2011：1.

② 刘玉.体育公共服务市场化改革——发达国家经验及借鉴［J］.北京体育大学学报，2012，35（11）：6—10.

③ 李亚男.我国公共服务市场化研究［D］.太原：山西大学，2013.

需要支付服务费用即使用者付费。许多西方国家都广泛采用使用者付费，基于我国公共体育服务没有很好的价格机制，免费低效供给普遍存在，使用者付费方式只能适用于具有俱乐部产品性质的公共体育服务。其四，认为在不同生产者间选择消费公共体育服务中可以采用凭单制。凭单制主要针对区域性较强、消费群体有限的体育服务项目。不过，如果生产商单纯追求它，可能产生舞弊，因此，在项目运营中需要加强对公共体育服务生产商的监督。

综上所述，市场化是解决公共体育服务政府供给困境的有效途径之一，其实现方式也极其丰富。但是，我国公共体育服务市场化的边界仅限定在政府供给成本高、效益低的领域，在低效率领域的市场化存在市场盈利的困难。市场追求利益最大化是经济人参与的指挥棒，故不可能所有公共体育服务都走市场化道路，还有许多领域依然需要政府负责提供公共体育服务。因此，在政府和市场都参与公共体育服务产品供给过程中，必须研究我国公共体育服务市场化的合理边际，即公共体育服务的适度市场化问题。

我国公共体育服务的适度市场化问题，涉及公共体育服务市场政府和市场运行中的控制失灵，控制失灵中的公共体育服务市场供给方式，市场供给公共体育服务的优势和公共体育服务市场化的边际等问题，是我们研究公共体育服务适度市场化的基本问题。

市场化运作是指一定的时间地点条件下商品（有形产品与无形产品）交换关系的总和，是公共体育服务体系内在各部分之间相对独立的服务动作关系的体现①。它反映社会公共体育服务与公众需要之间、公共体育活动条件的提供者、公共体育服务者之间的经济联系。在有偿服务条件下，市场是沟通体育服务与体育消费的桥梁，是实现和评定公共体育服务使用价值和价值的场所。对公共体育服务者而言，公众需要体现于体育参与的需求量，具体的各个公共体育服务项目只有在服务实践中，才能知道是否受到公众的青睐。公共体育服务的使用价值与价值要在实践中受到评判和检验。市场经济的普遍规律，如价值规律、供求规律等都要通过市场来发生作用。市场活动的中心内容是商品买卖、等价交换。以市场化运作，公共体育服务的有偿服务既有公共体育服务的条件和能力水平的要求，也必须具备公共体育服务的需求者、需求者的经济支付能力和体育参与意愿三个要素，这三个要素缺一不可，互相制约。公共体育服务市场化运作在一定的时间、空间内，集中着一种或多种可供体育参与者选择的项目。在市场化运作中，公共体育服务者与需求者双方发生的经济联系是以不同的使用价值相互交换为内容的。因此，向社会公众提供一定量的公共体育服务是进行公共体育服务市场化运作的物质基础，没有一定量公共体育服务的设施、场地、项目、能力和服务水平，公共体育服务的市场化也就不存在了②。因此，在综合以上相关公共体育服务体系概念研究的基础

①　郝利玲. 我国公共体育服务多元供给的协同创新模式及推进路径［J］. 上海体育学院学报，2017，41（06）：54—58，65.

②　王暐琦. 发达国家公共体育服务市场化改革经验与我国发展理路探索［J］. 阜阳师范学院学报（社会科学版），2017（02）：151—156.

上，我们认为，公共体育服务体系是指在一定的公共体育服务模式与政府规范下，为满足公众的体育需求、保障体育权益，通过多渠道、多方式的供给方式，提供给公众多服务、多产品的服务需求，从而建立完善一套公共体育服务体系。抑或是说，公共体育服务市场化是指以经济市场运作的方式和规则进行公共体育服务。

（三）基于国外公共服务市场化相关研究的启示

在国外，很多学者就此进行了研究，以 E. S. 萨瓦斯、奥斯本、米尔顿·弗里德曼等人为主要参与者。

美国学者 E. S. 萨瓦斯①，是此领域影响力最大的学者。他参加了除自己国家以外的其他国家市场化改革的进程，积累了很多实践经验。他探索了政府、民营合作之间的利益关系，并摸索出了为实现公共体育服务的长远发展，要形成以政府主导、其他社会力量协助，政府制定相关政策，允许其他组织经营，形成自我服务、以市场需要提供服务、按供需付费等积极形式。盖伊·彼得斯②通过现实基础，对未来的发展模式进行了探索。他认为政府改革类型应依据四种模式：参与型、解制型、弹性型、市场型。他主张政府应该发挥主导力量，将部分权利及工程通过协议、合同承包给其他非政府组织，积极引导良性竞争，促进公共体育服务发展。改革随着

---

① E. S. 萨瓦斯. 民营化与公私部门的伙伴关系 [M]. 周志忍等译. 北京：中国人民大学出版社，2002：74.

② B. 盖伊·彼得斯. 政府未来的治理模式 [M]. 吴爱明，夏宏图等译. 北京：中国人民大学出版社，2001：56.

时间不断深入，也促使着政府的职能变化，也见证了公共体育服务模式的不断改变，经济发展也从国营向民营发展。

曹现强①仔细探析了英国的公共体育服务发展的过程：从公到私、打破政府垄断格局、促进社会与政府积极融合的局面。他发现，市场机制的引入，柔性地使得政府放弃了垄断的权利，加速了社会组织的发展，从而促使多元化力量登上了社会台面。在政府保障最基本的服务下，活化了公共体育服务类型，提供了许多渠道与方式，提高了公共体育服务的效率，也促使了合作模式的形成。

房萌萌②在自己的硕士论文中指出：国外的市场化改革表现出了明显的经济学和管理学特征，在公共服务的改革实践上，一般都会选择管理主义、公共选择论、委托代理论、交易成本论等理论支撑。刘美萍③认为：促使各国进行公共服务市场化变革的主要原因有两点即：（1）信息化＋全球化；（2）传统的公共服务已经满足不了公众的需求。在市场化的变革中，确实使得政府的财政得到了一定的缓解，同时治理论、新公共管理论、公共选择论都为改革提供了一定的理论依据。

谭英俊④通过研究发现，市场化改革已是世界各国发展公共服

① 曹现强. 当代英国公共服务改革研究［M］. 济南：山东人民出版社，2009：14.

② 房萌萌. 论西方国家公共服务市场化及对中国的启示［D］. 西北大学，2007.

③ 刘美萍. 论公共服务市场化与我国非政府组织的发展［J］. 徐州师范大学学报，2007，33（1）：120—126.

④ 谭英俊. 公共服务市场化改革比较研究［J］. 商业研究，2012，31（7）：31—37.

务的必然趋势，不同的区别仅仅在于各国之间的进程、方式、内容不同，但是都是为了更好地促进本国的改革进行。如今，我国正面临着改革的难题，应借鉴国外成功的经验、方法启示，为我国的改革提供经验借鉴。总体来讲，国外的改革主要是针对以下几方面进行：合同化、特许经营、由公转私、各取所需收费、凭单制。

综上所述，通过研究、分析国外公共服务改革的典型事例，探索其方式、方法，吸取经验教训，学者们认为，应摸清其市场化的运行模式，充分肯定公共服务市场化在提高供给效率、减轻政府财政支出等方面的积极优势，结合我国的实际情况，经济发展等的特点，尽快构建适合我国国情的运作模式。

（四）基于国内公共服务市场化相关研究的启示

我国现有的理论依据大多是通过研究国外的改革经验，针对我国的实际情况，深入了解我国公共服务的发展进程，结合我国市场经济发展的特殊性，发现了其中存在的一些问题，并力图解决完善这些问题，以加速实现我国公共服务进程。目前对该领域的研究主要集中在以下几个方面：

孙小溪[①]认为，政府应该借助公共服务市场化改革来转变自己的职能，从单一的供给者转变为与社会上其他力量、组织、企业的沟通者。李萍[②]通过对公共服务市场化机制研究发现，市场化的主

① 孙小溪. 我国公共服务市场化运作的改进研究 [D]. 大连理工大学，2008.
② 李萍. 我国政府公共服务市场化问题研究 [D]. 郑州大学，2007.

要目的就是打破政府垄断的主导局面，积极引入社会其他多元化力量积极参与发展，形成良性竞争的格局，同时将政府职能转化为协调、沟通的主持者，提高供给的效率、拓宽供给的渠道。收益和成本是在服务过程中最基础也是最重要的问题，只有在供给过程完成之后才能对比收益问题，这是不可逾越的，所以引入市场机制，恰恰可以解决这个问题。

刘厚金[1]认为，我国想要将市场化机制成功纳入公共服务的发展中还是存在很多问题的。由于我国市场经济体制还有待完善，而公共服务在发展的过程中也出现了一定的、不可避免的问题，再加上当前发展环境还不是很成熟，政府的职能改革还没有完成，这些都为市场化机制的改革埋下了隐患。现如今，我们面临着公共服务提供渠道单一、产品类型较少、总量不足、分配不均、政府职能意识淡薄、公共责任缺乏主体负责人等问题，想要完善市场化的目标，必须解决这些问题。

徐锦贤[2]认为，在公共服务市场化进程中，政府应尽到的监察责任主要有四个方面：防止政府垄断、杜绝内部腐败、监察失职失责、严查态度恶劣。这必须由政府亲自监控，注意自己的职能职责，确保公众利益不受到不法的伤害。

---

① 刘厚金. 我国公共服务市场化的问题分析与完善对策［J］. 江西社会科学，2009，(6)：205—210.
② 徐锦贤. 公共服务市场化与政府监管责任的重构［J］. 领导科学. 2010，(29)：26—28.

　　董留学①在研究中指出：以我国的实际情况来看，在执行上，我国的公共服务市场化主要包括这几种模式：合同制、承包制、付费制、凭单制。王艳、马宁②通过对国外公共服务市场化改革进行研究，总结了其成功的改革经验及方法措施，提出了在我国的市场化机制改革中，应将公共职能与政府职能相结合应用到市场机制中，实现政府利用其职能配置优势，实现最优化的供给。他们还讨论了公共服务市场化有多种模式可以进行选择：由公转私、公私合作、公公竞争等，打破单一的垄断形式。同时，师铭③从市场监督出发进行了探讨，他认为政府在监察中应起到主要作用，并要制定一套完整、合理的监察制度，保障公共服务市场化的顺利开展。

　　综上所述，研究认为，在公共服务中加入市场化机制是为了解决政府供给单一的问题，也可以缓解一定的财政压力，到目前为止，我国推进公共服务市场化机制的改革正在平稳进行。但是在发展过程中，也出现了一些问题，比如：相关的制度建设没有完整的体系、监控监察实施没有完整的计划与管理方案、政府的职能没有明确定位等。在理论研究方面，没有一套完整的体系，很难对实践操作起到指导作用。因此，在公共服务市场化研究的同时，还需要结合我国市场经济发展的特点，构建一套完整的公共服务市场化的理论体系。

---

① 董留学. 我国政府公共服务市场化研究 [D]. 郑州大学，2005.
② 王艳，马宁. 对西方国家公共服务市场化改革的反思 [J]. 太原理工大学学报，2006，24（1）：38—41.
③ 师铭. 我国公共服务市场化中的政府监管问题研究 [D]. 山东师范大学. 2013.

第三节　公共体育服务适度市场化研究的理论
基础与相关概念

一、公共体育服务适度市场化研究的理论基础

1. 公共选择理论

起源于 18—19 世纪的理论思想，但是，大多数学者还是认为其正式被探讨应该是在 20 世纪中期，其主要的思想代表人物有：肯尼思·阿罗、詹姆斯·布坎南、邓肯·布莱克，很多学者将此理论又称为：新政治经济学、公共选择经济学、政治的经济理论等。布坎南在研究中说道："政治观点决定了公共选择，这不是非市场，或是经济学者可以用方法、方式讨论而得出决策的。"① 所以很多对此理论研究的人都喜欢以经济学中"经济人"进行假设对政府的行为进行分析。

公共选择理论主要是针对政府"失灵"现象原因的产生进行分析，它常常以怀疑的视角以及假设来研究非市场决策、公共决策问题，主要运用经济学的方法，研究政府干预导致市场化所面临的局

---

① ［美］詹姆斯·布坎南著. 吴良健等译. 自由、市场和国家［M］. 北京：北京经济学院出版社，1988：18.

限性以及失败的问题。此理论主张主动削弱政府干预力量，增大社会力量，增强市场力量，认为应该建立以市场为基础的制度，还提出政府应该对市场的交易、交换提供力量保护，供给市场不能供给的东西；主张在供给过程中，打破政府垄断现象，形成政府主导、社会多元化力量参与的发展模式，重新定义政府的职能、作用，确保政府、市场、社会三方力量在公共服务中发挥出自己的作用①。

按照公共选择理论的内在要求，想要有效地提高国家公共服务供给的效率，必须打破传统制度下政府垄断的局面，打破政府作为供给源头的单一局面，积极发挥社会上的力量，创造性地运用合同、外包、凭单、公私结合等方式方法，重新建立供给新局面，发挥良性竞争优势，扩大市场自主权利，确立私人、市场、第三部门参与的新格局，实现多元化的供给局面，确保从根本上提高供给的效率。在体育服务的市场化与公益化的进程中，政府监管与市场机制都需要运用公共选择理论进行科学分析与做好实践工作。

2. 公共治理理论

在学术界，专家学者对于"治理"一词的概念认同是在1989年，世界银行就非洲发展为题时所首次提出的"治理危机"一词。公共治理则是从社会公众的角度出发，从基础开始，以政府参与为媒介进行"元治理"工作，并推动形成政府与社会组织共同发展的

①　刘丹．我国农村公共服务供给机制研究［D］．湖南师范大学，2011：11.

27

治理网络体系，以此来获得最优化的治理效果①，这也标志着公共行政的发展取得了新的进步。

公共治理理论主要落于两个点，即研究其治理的价值和方式，对其公共服务的供给方式、渠道、体制进行研究，建议政府与社会多元化力量相结合形成相互协作的管理形式，即协同合作模式，主张发挥私人模式的快捷、迅速、即时等的特点，与政府共同供给公共服务②。同时，公共治理理论主张在供给主体的选择上应该避免政府主导，要发挥社会多元化力量，打破政府垄断的形式，积极引入社会多元化力量发展，即纳入私人组织、机构等到治理承担者的范围；主张由一对一转向一对多的合作模式，相互协商、相互合作、互利共赢，并形成以此为供给主体的网络化模式体系。所以，公共治理也被认为是一种增强公共服务效率的新途径③。其中，公共治理主张的"多对多的社会网络化治理体系"以及"加强供给主体多元化"等观点，这些观点理论已被大多数学者认同，也为公共体育服务供给的方式方法选择提供了借鉴经验以及理论依据。

3. 新公共管理理论

英国学者克里斯托弗·胡德在他的研究中首次提出了"新公共管理"一词，他认为这种管理制度的优点在于可以明确各类责任

---

① 曾正滋．公共行政中的治理：公共治理的概念［J］．重庆社会科学，2006（8）：33.

② 李军鹏．公共服务型政府［M］．北京：北京大学出版社，2004：22—23.

③ 汪雷．基层政府公共服务供给能力研究［M］．合肥：合肥工业大学出版社，2013：21.

制、产出导向比、对绩效进行评估，这样行政单位的主权可以得到
下放，这样可以引进私人管理部门引进新的技术，可以为市场机制
的引入创造出好的环境。① 一直到 20 世纪 90 年代后，美国学者戴
维·奥斯本和特德·盖布勒对以往政府改革的经验进行了总结，并
以此作为基础进行研究，进一步推进了新公共管理的研究进程。

休斯在《公共行政与管理》② 中论述道："发达国家在 80 年代
中期以后，对其公共部门的管理进行了改革并取得了一定的成绩，
打破了传统官僚体制管理、死板、垄断形式，逐步转化为灵活、社
会性质的新公共管理形式。后者所起到的变化不单单是管理方式上
的变化，而是一种通过政府参与，并融入社会市场关系的深刻变
化。"在《公共管理导论》③ 中还提出："在研究中，提出了两条比
较可行的能够提高公共服务能力的途径。一、提高生产力就可以供
给服务源，进而促进生产绩效；二、可以通过政府主导，结合社会
上的其他私营力量，建立一个合理的竞争体系，并以外包、承接、
采购等方式将产品的生产、服务、供给转包出去，形成一个良性的
竞争循环体系，可以打破政府的垄断。"

新公共管理理论的基础提出就是建立在市场服务上的，首先强
调的就是良性竞争与市场机制。主张打破政府的垄断形式，调整服

---

① 陈华栋，顾建光，裴锋. 新公共管理理论及实践模式探析［J］. 求索，2005，
  （7）：42.

② Owen hughes, Public Management and Administration：An Introduction，Macmillan
  Press LTD. st. Martin's Press，1998：1.

③ 欧文·E. 休斯. 公共管理导论（第二版）［M］. 北京：中国人民大学出版社，
  2001：70—71.

务的各类方式方法，在政府、社会、市场三者之间建立一个良性的循环关系，缩小政府的力量范围，引入市场机制，以社会上的力量，将公共服务生产、供给、传输转包出去，形成良性的合作循环关系，提高公共服务的效率及质量①，为市场机制的引入打下了坚实的理论基础。

4. 新公共服务理论

新公共服务理论，首次被提出是在美国，是由罗伯特·登哈特和珍妮特·登哈特两位研究行政的学者提出的。同时，此理论在20世纪90年代进行了社会运营实践，在遇到了一定挑战的同时也取得了一定的成绩，并逐步发展起来。在西方，此理论得到了很好的发展，并成为行政管理上的一种新的理论基础和模式。它不仅对之前的公共服务理论缺陷进行了弥补，也使其进一步得到了完善。

新公共服务理论是以公民为中心基础，是通过行政力量在服务治理系统中所展现出来的理论基础。传统的公共行政理论是将政府作为中心位置，以此为主导力量对服务进行改革。而新理论则是以整个社会民众作为体制中心的出发点，服务是公共管理的本质，政府首先要明确自己的职责不能凌驾于社会上，而是帮助公民去实现并提高其公共利益，即"服务而非掌舵"②。服务不等于掌舵的论断是新公共服务理论的基石。在研究中指出，政府首

---

① 刘文萃. 基于新公共服务理论的我国服务型政府建设问题探析［D］. 山东大学，2006：13—18.
② ［美］珍妮特·V. 登哈特，罗伯特·B. 登哈特. 新公共服务：服务而不是掌舵［M］. 北京：中国人民大学出版社，2004.

先需要明确自己的责任而不是随意挥霍自己的力量，必须定位好自己作为公共服务供给过程中的角色，是提供服务而不是"掌舵"。这就要求政府将自己力量下放，应明白自己的能力，尽可能地与社会上力量合作，积极发挥社会上私营企业力量，扩宽传输途径，提高供给产品，完善服务类型方法，提高公共服务供给效率。

二、相关概念

1. 公共服务

"公共"一词在《辞海》中的解释为：共同。《礼记·礼运》中也曾写道："大道之行也，天下为公。"同时在《荀子·解蔽》中也写道："此心术之公患也。"① 对"服务"一词的解释是：一是"为人民服务；服务勤勉"，为集体服务或者为别人服务。二是在政治经济学中称为"劳务"。或者是以虚拟交售的形式为他人提供劳动或者服务，满足他人的某种需求。在一些其他服务型行业对其服务的称谓为劳务②。

"公共"是相对于"私有"而言的，服务大致分为两类：公共与私人。莱昂·狄骥是一名法国公共法学者，在1912年，他就从自身专科研究角度出发对"公共服务"进行了概念解释："政府是

① 辞海编辑委员会. 辞海［M］. 上海：上海辞书出版社，1979.
② 刘蕾. 公共品本质属性探究［J］. 华东经济管理. 2008，22（7）：124—127.

公共服务的主导者，必须通过政府干预从而使公共服务的开展得到保障，同时也必须靠它来加以规范和控制。"①

对于本书研究的目的和内容，笔者比较认同公共产品内含于公共服务之中，其供给主体是居民公众，并满足其所需要的公共产品和公共服务的总称。

2. 公共体育服务

公共体育服务的供给是为公众提供公共体育服务的过程，通过社会上的某些组织、个人以一定的方式进行资源配置实施②。公共体育服务供给指一系列的有关体育服务及选择行为的总称，其中包括：谁提供、提供什么类型的体育服务、传输途径是什么、方式方法、数量质量、所需人群等一系列的规定。

我国目前所能提供的公共体育服务的类型主要分为三种：第一是政府单一的供给；第二是由社会上的市场供给；第三是私营等第三部门供给。在当前对公共体育服务的研究中，主要是讨论以下三个问题：一是供给类型；二是供给的数量选择；三是供给的渠道。"供给类型"则是由其本质或者说其概念定义决定的；"供给数量"则涉及是否能够满足公众所需，找到供给与所需平衡点，达到最优化供给模式；"供给渠道"则是涉及到底是政府的决策供给有效还是市场按照公众选择可以进行适当的调整供给方式有效。在围绕着

---

①　保罗·萨缪尔森，威廉·诺德豪斯. 经济学［M］. 北京：人民邮电出版社，2004：301—302.

②　肖林鹏. 论我国公共体育服务供给的基本问题［J］. 体育文化导刊，2008.1. 10—12.

三个问题不断的讨论中，我们发现了最核心的问题应该是"供给渠道"，因为这是直接与公众相接触的。"供给渠道"是实现公共体育服务能否为公众所用的最重要的一环，政府、市场、第三方的供给方式以及选择都是不同的。

很多学者都就"公共体育服务"的概念进行了研究，从不同视角、不同层面均提出了不同的意见及建议。本书在对各学者的研究进行研读总结后，对"公共体育服务"的概念定义为：政府、相关单位、社会组织在合法的手段、途径下提供有关体育服务和各种服务产品，以满足社会广大公众所需。

3. 公共体育服务市场化

1969 年，美国管理学家德鲁克首次提出了"市场化"的概念。到目前为止，有很多理论对"公共服务市场化"进行了论述，可以具体表现为"民营化""政府代理""治理市场""国家市场化"以及公私合作等关系。同时，在理论基础方面，市场化的理论研究也有很多，例如公共选择理论、新公共管理理论、治理理论等，这些理论的产生对西方国家在进行市场化改革中发挥了十分重要的作用。其中，核心内容都是明确政府应该下放自己的权力，从垄断转向合作，决策与行动分开，改变其主导地位，充分发挥其在资源配置上的优势。①

市场化运作改革是对我国公共体育服务供给问题的重新阐释。

---

① 李砚忠. 关于我国公共服务市场化若干问题的分析 [J]. 社会科学，2007 (8)：61—66.

它意味着公共体育服务决策更加民主化，提供民众选择机会，做好相关需求调查，这样可以解决"供给数量"的问题，这就要求权力能够在某些程度进行下放；同时，这需要政府在承担公共体育服务责任的前提下，对"如何供给"进行新的诠释，允许将社会上合法的私人部门以及相关的管理手段引入到我国的公共体育服务的供给中，进一步提高我国公共体育服务供给的有效性。其主要的表现形式是：引入有关企业的管理方法：绩效评选、成本核算、标杆管理；或者可以营造相关的市场环境（通过内部的市场调查）；政府授权社会相关企业、组织进行参与供给（合作、外包、特许经营）。

4. 公共体育服务适度市场化

我国公共体育服务适度市场化是构建社会主义和谐社会的必然要求，是均衡社会利益的必要手段，是实现社会结构和谐的必然要求。公共体育服务适度市场化是实现公共体育服务从纯公益性向独立企业提高公共体育服务逐步转换的动态过程。本书将从公共体育服务体系的收入来源、场地与器材使用、项目指导的收费程度等几个指标来评价其市场化程度。列出相关可以突出公共体育服务市场化的评价指标，并以这些实际有效的指标建立数学测算模型；就其相关理论与实践问题进行理论分析，得出我们的结论："政府的任务就是提供服务"①；市场具有自己的特征，即在保证质量下寻求

---

① ［美］詹姆斯·安德森. 公共决策 ［M］. 唐亮译, 北京: 华夏出版社, 1990. 222.

最低成本、运用方式优化有效、所得效益最佳；应寻找政府与市场最佳的平衡点，界定好二者的职能责任，共筑两者合作关系，并形成协同关系；在平衡点上扩大市场，厘清政府与市场各自的责任，适度市场化。

第二章

公共体育服务市场化程度评价方法
与指标构建

第一节　公共体育服务的市场化程度评价方法

公共体育服务的市场化程度是指按有偿服务、等价交换的原则进行的体育项目，占该场馆该社区公共体育服务项目总数的比重。如果该场馆该社区的体育服务设施和服务项目全部有偿使用、有偿服务，那就是百分之百的市场化经营性体育场所，如高尔夫球场。如果该场馆的所有体育设施的使用和服务项目的开展全部是免费的，则市场化程度为零，如居民社区简易体育设施和体育场馆的使用。某场所如果有些体育设施的使用和项目服务是公共投资、免费使用、免费服务，另一部分是有偿使用、有偿服务，根据有偿与免费的比例，评价其市场化程度①。

中国公共体育服务有政府投资，当地居民免费享用的非市场化运作模式；也有有偿投资、有偿服务、向社会大众全面开放的市场化运作模式；还有很多公共体育服务场所采取两者兼有、两者结合的运作模式。既有政府财政投资、社会募捐；也有项目有偿收费、有偿使用、有偿服务。既有免费开放的项目，也有出资享受的项目，称为综合性服务机构。由此引出了问题，即公共体育服务的市场化程度如何，怎样评价，市场化程度多高为宜等问题。这些问题的分析有益于公共体育服务事业的健康发展。

第二节　公共体育服务市场化评价指标构建

公共体育服务市场化与非市场化的区别是公共体育服务体育活动的经费来源（财政拨款、社会捐款与经营性收入），公共体育服务场所与服务项目的服务性质（公益性免费与有偿服务收费）。介于两者之间者，根据其相关指标的比重程度进行市场化程度评价。按上述思路确定指标，可设定以下指标（见表1）。

把以上指标，整理为调查统计表（见表2）。

---

① 刘玉. 体育公共服务市场化改革——发达国家经验及借鉴 ［J］. 北京体育大学学报，2012, 35（11）：6—10.

表1 公共体育服务市场化的评价指标

一级指标	二级指标	三级指标
公共体育服务市场化评价	活动经费来源	政府拨款经费 社会募捐经费 场所设施使用收费 收费项目指导服务收费 体育活动组织的收入 体育商品经营收入
	场馆设施使用收费	免费开放场馆面积 收费出租场馆面积 免费使用体育设施台数 收费使用体育设施台数
	项目的组织与指导	体育活动免费参加的次数 体育活动报名收费参加的次数 体育活动免费技术指导的项目数 体育活动收费技术指导的项目数

表2 某公共体育服务市场化程度统计表

单位：万元

序号	类别	指标名称	单项经费总数	费用	数额	比重（%）
1	经费来源	政府专款（x_1）		财政拨款		
		社会募捐 场所设施租用 体育项目服务 组织活动收入 体育商品经营		经营性收入		

续表

序号	类别	指标名称	单项经费总数	费用	数额	比重（%）
2	场馆设施收费	场馆（x_2）		免费面积		
				收费面积		
		体育设施（x_3）		免费使用		
				收费使用		
		体育小器件（x_4）		免费器件		
				收费器件		
3	项目组织指导	组织活动次数（x_5）		免费参加		
				收费参加		
		项次（x_6）		免费指导		
				收费指导		

表 2 是一个样本的调查数据，在做了多个样本调查以后，把各个样本的每类指标的经费自筹指标，包括体育场地体育器件、收费使用指标和服务收费指标的相对值，共有 6 个数据，通过加权平均法，得出一个总指标，该指标即为某公共体育服务场地的市场化程度评价指标。

第三节　公共体育服务市场化程度测算模型构建

第一，建立公共体育服务体系市场化程度评价模型。

$$y = x_i e_i / n \tag{1}$$

公式中：y 为市场化程度指标；x_i 为有关指标的计算比例值；e_i 为有关指标的权重系数；n 为评价指标的种类数。指标权重系数采用矩阵评价法。

第二，计算指标权重，不能从一个公共体育服务体系中得出，要从多个体育服务（样本）中得出。从样本调查中得到的市场化程度相关指标建立矩阵，我们以 6 个指标为例，每个样本为 1 行，调查 15 个样本为 15 行，得出：

$$x = \begin{bmatrix} a_{11} & a_{12} \cdots & a_{16} \\ a_{21} & a_{22} \cdots & a_{26} \\ \cdots & & \\ a_{151} & a_{152} \cdots & a_{156} \end{bmatrix}$$

第三，求原始数据的平均值，我们以活动经费自筹经费比重、场地设施的有偿使用的比重、项目指导有偿服务的比重等为市场化程度，求每个样本的 6 个指标的平均值，

第一行的平均值得：

$$\bar{x_i} = \sum x_{ij}/n \tag{2}$$

第四，求得每列平均值：

$$\bar{x_i} = \sum x_{ij}/n_j \tag{3}$$

第五，求得每列方差假如为：

$$Var(x_j) = \sum (x_{ij} - \bar{x_j})^2 \tag{4}$$

第六，使原始数据标准化：

（1）把 X 矩阵进行转置

（2）计算标准化值

$$x_{ij} = \frac{x'_{ij} - \bar{x'_j}}{\sqrt{Var(x_j)}} \tag{5}$$

得到 6 行 15 列的标准化数据矩阵。

第七，根据标准数据矩阵，求协方差 R 的矩阵，R 的计算公式为：

$$R = \frac{X^T X}{n - 1} \tag{6}$$

第八，求 R 的特征值 λ，由此矩阵成为：

$$
\begin{bmatrix}
\lambda_1 & & & \\
& \lambda_2 & & \\
& & \cdots & \\
& & & \lambda_6
\end{bmatrix}
$$

第九，求取各指标的权重系数即：

$$\lambda = \frac{\lambda_i}{\sum \lambda_i} \tag{7}$$

λ 值为相应指标的权重系数。

第十，求得某公共体育服务的市场化程度总值 y，以 x_i 各指标的原始比值与 e_i 各指标的权重系数相乘的平均值，得：

$$y = \frac{x_1 e_1 + x_2 e_2 + x_3 e_3 + x_4 e_4 + x_5 e_5 + x_6 e_6}{6}$$

在这里得到了公共体育服务体系的市场化程度测评值，该市场化程度是否合理，则需要进一步分析。

第四节　公共体育服务市场化分析

公共体育服务市场化程度的测评，涉及理论认识、测评方法、社会影响等问题，就测评本身，需要有以下问题进行讨论。

一、关于公共体育服务市场化程度评价的准确性讨论

本书对公共体育服务市场化的程度进行一个整体的估算，但是这不能完全反映市场化的变化，仅仅只是对一些表现的估算。一方面，数据的采集统计不够全面，一些重要的数据或者指标得不到完整的体现，由此就会造成在估算市场化程度上的误差。另一方面，就选取的指标而言，是否就能反映市场化程度还有待研究，这也会造成系统误差①。所以，对市场化程度进行估算，所得到的结果只能是一个近似值，无论构建的计算体系多么完善，都不能准确反映市场化程度。

---

① 郑春芳，龙海红. 中国经济市场化程度的估算 ［J］. 价格理论与实践，2011 (5)：44.

二、现有市场发育程度下政府职能的再认识

人们普遍认为，市场化程度无限接近于 1 是最好的，但是从目前来看，发达国家的市场化在进行了这么多年之后也只达到了75%—90%之间。市场化程度发展越高，在以后更加深入的发展中所遇到的问题也就越难、越尖锐。首先我们遇到的问题就是国家与市场的边界问题，这直接决定了市场化发展的大小程度。国家与市场之间的关系直接决定了其所用的公共管理体制应该选择怎样的模式。在公共体育服务中，如果是以政府为主导的，那么国家在社会发展和公共体育服务发展相关方面都是一个主导者的角色；在计划经济的市场中，政府仅仅只是起到一个宏观调控的作用，只是在积极地引导、计划公共体育服务的发展，同时，对产权做到积极保护；在能够进行调节的市场中，国家需要做的就只是维护好公共体育服务的秩序，保证大环境下的稳定，进行宏观调控，保护产权；在无拘束下的市场中，国家是"守业者"，其主要的责任就是保护产权和制定相关规则。经过多年的发展，我们的社会主义市场化体制，取得了很大的成绩。在这些年的发展中，我国政府的职能正在悄悄地改变，在与市场、企业的相互竞争、你进我退的发展过程中，给予了市场、企业一定的自由发挥空间，但是其必须在政府制定的一个大的时间框架下进行，这也带有了一定"计划"的色彩。在实现政府职能的积极转变以及市场化这个目标下，所要达到的效

果就是：不管实物种类或类型，只负责制定合理的价值；决定其总量；只进行宏观调控，微观细节操作下放自由进行。这似乎是比较极端的一个观念，但是，中国政府改革的目标是建立一个服务型的政府，在体制权利的制定、非公益行业等方面的工作还有待加强，这就表示必须退出微观行业的竞争。公共体育服务机构的目标主要是为了实现 4E，即公正（Equity）、经济（Economy）、效益（Effectiveness）、效率（Efficiency）；在我国，公益机构无论是国有或私有的市场主体目前还没有确立，在其产权与独立的实现上还有很大的差距；要素市场仅仅处于初级阶段，所以要素市场化的程度也只是刚刚开始。对目前服务设施的考量，表明了我国公共体育服务的水平还有待提高，市场化的任务还很艰巨，下一步的困难将会更多①。因此，改革的重点首先要解决目前所得利益的各种集团的重组和之前发展所堆积的问题。总之，我国的市场化目标是以 4E 为目标进行的，是为了建立一个服务型政府、确立市场化中的地位、优化配置资源和成熟的服务机制、提高服务水平。

---

① 杨礼琼. 中美公共服务市场化比较及其启示［J］. 中国行政管理，2011（7）：66.

第三章

公共体育服务适度市场化的依据与标准

第一节　公共体育服务适度市场化的依据

公共体育服务市场化，是用市场机制来弥补和优化政府公共服务的质与量。公共体育服务市场化是从丰富和完善供给机制到增强政府责任，从认清各自权责边界到尊重市场的客观规律。公共体育服务适度市场化是指公共体育服务市场化程度的最佳值。什么程度是最佳值，是根据公共体育服务的社会公益免费服务性的需要与体育事业健康发展的需要收费补贴相结合。

公共体育服务市场化并不是完全脱离政府，政府与市场的协同治理是当前公共体育服务健康发展的不二选择。"公共体育服务中公共产品的利用率与市场化指数并不是呈线性相关，而是呈现'倒 U 形'曲线关系，市场化指数一定程度的增加有利于公共体育服务供给效率的提高，但是如果市场化指数无限增大，公共体育服务供给效率将降低，所以公共体育服务市场需要有一个度，也就是公共体育服务应适度市场化发展。在这个适度的前提下，市场化程度越高，公共服务产品利用率越高，资源配置更有效，信息更加对称，'潮涌现象'减弱"①。

在社会经济发展过程中，总会受到政府这只"有形的手"和市场这只"无形的手"的控制，有时它们单独起作用，有时它们交替起作用，有时它们共同起作用，有时它们都不起作用。当它们不起作用的时候，就会出现"政府失灵""市场失灵"的控制失灵现象。我国体育市场随着中国市场经济的逐步发展，既有作为政府供给的公共产品市场，也有作为市场供给的私人产品市场，作为整个社会经济发展中的局部市场，必然也存在控制失灵的现象。

一、政府的单向性供给模式不能充分满足公共体育的需求

在公共体育服务中，公众的需求决定了公共体育服务的政策、内容与方式。公共体育服务供给的源头是公民的公共体育需要。在我国，任何公民均有享受体育活动的权利，依法享有平等的体育运动权利，这对我国这样一个人口大国，一个发展中国家来说，完全由政府提供公共体育服务来满足公民不同层次的体育需要，是极度

---

① 杨晓璇，洪名勇，蔡艳. 产能过剩与市场化程度关联性研究——一个典型事实 [J]. 中国集体经济，2018（21）：12—14.

困难的。而且现实情况也反映出来公共体育服务的匮乏，各级政府在公共体育服务事业中的投资与公众的体育需求不相适应，公共体育服务在供需之间矛盾十分突出。这些矛盾一方面是公众体育意识苏醒速度很快与政府单一公共体育服务供给过缓而导致的；另一方面，单一的政府供给的局限性太多，表现在供给自身方面的乏力与对公众需求把握的不准确。一直以来，我国政府对于所有责任都自己扛的做法使得自身在公共服务方面力不从心，同时对市场和社会组织的发展造成了束缚。在当今共享的世界里，协同治理的发展趋势为我们的改革带来了巨大的优势。任何形式的单打独斗都不能带来持久的效益。政府传统的单打独斗已不适应现代的社会，在公共体育服务中更是如此。我们国家作为一个整体，是一个庞大的团队，在这样一个庞大的团队中，我们更需要政府与社会组织间的分工合作，各部分共同努力，促进事半功倍而不是事倍功半。以往的政府单一性供给造成的许多问题，主要来自以下几方面的原因。

（一）对于公共体育服务的职责与职能的模糊认识

政府对于公共体育服务的发展要承担一定的服务职责，但并不一定承担服务职能。政府服务职责是指明晰政府的责任，也即在政府范围内确定哪些事必须为，不为便要受到一定的处罚。职能是回答哪些事可以为。职责主要是政府的责任，职能是指政府的能力，是怎样提高办事质量与效率。政府的责任必须是政府自己亲力亲为，把责任落到实处，但是职能可以借用市场和社会资源来推进公共体育服务的发展，实现职能的最优化。

（二）政府行为的高成本低效率

政府行为的高成本主要是指政府部门的庞大管理机构体系、配套人员及配套工作设施工具等巨额财物支持，政府决策体制的决策成本较高，因谨慎决策导致的大量资源闲置；同时，因为政府部门低风险决策和执行慢效率，官僚主义作风严重的推诿拖延或不作为，在公共物品估价上摇摆不定同时缺少竞争（由于缺乏竞争，导致韦默和维宁所说的"X低效率"，即由于竞争的缺少，官僚机构为了自身利益进行不恰当地扩大机构、降低工作效率、提高办公费用等，造成了政府行为的高成本低效率），政府部门"重结果，轻过程"不计成本，政府内部监督"重形式，轻内容"等，直接导致政府行为的低效率。

（三）管理过程中的寻租与腐败

财政预算管理上的弊端及监督管理机制不完善，资金管理问题突出，违规、垄断、暗箱操作、逆向选择等现象多发，一些公共服务项目回扣高达40%，单向地提供公共服务恐将成寻租与腐败的新灾区。

（四）政府公共政策失效

政府公共政策失效，主要是因为政府官员的"经济人"在个人利益驱使下使公共利益并非总是存在，决策人有时追求短期效益的"近视效应"，另外，由于决策机制缺陷的存在，使得我们获得的决策信息不完整，从而政策执行中常出现"上有政策，下有对策"的消极现象，政府部门在政策执行上存在操作障碍①。

（五）信息不对称现象导致政府公关决策失效

美国经济学家约瑟夫·斯蒂格利茨、乔治·阿克尔洛夫和迈克尔·斯彭斯提出了信息不对称理论。信息不对称的客观存在，市场经济活动的复杂与多样，使政府机构在掌握和分析社会各方面的信息时也会更有难度，而且获得各方面信息的成本也将增加。所以，信息不对称现象的存在将会给政府机构决策、工作时带来障碍和阻力，一旦信息获取不全面、不准确，或者信息分析出现问题，将会造成政府失灵②。

二、单一市场供给模式不能充分满足公共体育的需求

（一）市场的不完全

市场是自由竞争的场所，竞争为市场提供活力，没有竞争的市

① 彭博. 纠正市场失灵的对策分析 [J]. 经济与管理，2011，4（25）：11—17.
② 李玲，陈佩娇. 关于我国政府失灵的研究综述 [J]. 云南社会主义学院学报，2012，3：21—22.

场是没有活力的市场，是不会发展的市场，没有市场的竞争就如皮之不存，毛将焉附。但在竞争过程中，市场的不完全，我们不能完全掌控，使得垄断出现。垄断使竞争减弱甚至消失，从而降低市场供给效率，使得市场供给不能满足公众的体育需求。

（二）市场的不普遍

市场的配置功能和分配功能的发挥必须依赖于价格机制，但价格机制并不存在于所有事物之中，没有价格机制的调控也就没有市场的存在，市场机制的不普遍就体现于此。

（三）信息的不对称

在大数据时代，掌握完整完全最新的数据信息是我们把握话语主动权的重要手段。由于信息的动态性与实效性及扩散性，我们获得的二手信息常常不具备对称性，信息的不对称会使我们在决策过程中出现偏差甚至是错误。要实现竞争过程中的帕累托最优，获得完全的信息是至关重要的。在现实中，人们对市场交易双方及交易产品的信息掌握是不完全的，而这种不完全绝大多数表现为信息的不对称，如逆向选择和道德风险等问题常常就是因为信息不对称引起的。

（四）经济的外部性

外部性就是未在价格中得以反映的经济交易成本或效益，外部性可能是正面的也可能是负面的。价格的外部性也称外在效应或溢出效应，是指一个人或一个企业的活动对其他人或其他企业的外部影响，这种影响并不是在有关各方以价格为基础的交换中发生的，因此，其影响是外在的。更确切地说，外部经济效果是一个经济主体的行为对另一个经济主体的福利所产生的效果，而这种效果很难从货币或市场交易中反映出来。理论上，一般认为外部性的存在是市场机制配置资源的缺陷之一。也就是说，存在外部性时，仅靠市场机制往往不能促使资源的最优配置和社会福利的最大化，政府应该适度地进行干预。从现实上讲，外部性特别是外部不经济仍是一个较严重的社会经济问题，如环境污染或环境破坏。庇古（Arthur Cecil Pigou）在其 1920 年出版的《福利经济学》一书中指出，在经济活动中，如果某厂商给其他厂商或整个社会造成不需付出代价的损失，那就是外部不经济。这时，厂商的边际私人成本小于边际社会成本。当出现这种情况时，依靠市场是不能解决这种损害的，即所谓市场失灵，必须通过政府的直接干预手段解决外部性问题。具体来说，就是要在外部性场合通过政府行为使外部成本内部化，使生产稳定在社会最优水平。由于技术原因和交易费用的存在，单一的市场不可能覆盖整个社会，市场机制的作用范围有限，在环境外部性问题上应更大程度地依赖政府的作用，此时，政府的直接干预是最有效、最现实的选择。

（五）公共产品的"搭便车"

公共产品的特性使得私人从自身利益出发不愿意参与公共产品

的生产和供给，私人总希望由别人来提供公共产品，自己"搭便车"，这样就使得在公共产品领域中市场机制的效能消失，从而导致市场失灵。

（六）收入分配的不公平

萨缪尔森提出："价格机制的辩护者和批评者应当认识到有效率的市场制度可能产生极大的不平等。"市场经济条件下，初次分配注重效率是不够公平的，它不能满足社会公平分配的目标，因此二次分配应注重公平。

（七）宏观经济的不稳定

在市场体制中，每个市场主体都追求自身利益的最大化，而没有任何一个主体在主观上为市场的宏观效率负责，结果只能是个人理性导致集体非理性，导致市场经济的发展伴随着经济的周期性波动。

综上所述，在政府和市场的各自单一单向供给中，都无法很好地完成公共体育服务：（1）政府不是无限的政府，政府是有限的政府，有限的政府管理有限的事，否则政府就会失灵；（2）市场不是完全的，不是普遍的，市场在合理的竞争环境中，在价格机制发挥功能的环境中有效存在，否则市场也会失灵；（3）政府失灵时需要市场发挥作用，市场失灵时需要政府发挥作用，政府和市场都失灵时需要政府和市场共同发挥作用，甚至需要第三方的参与综合发挥作用；（4）政府和市场在纠缠不清或相互推诿时需要对公共产品进行明确界定，并制定相关配置管理运行体系；（5）政府和市场之间，交易双方之间，交易产品和交易过程之间，管理与竞争之间，最大限度追求信息的完全与对称；（6）有限的政府，不完全的市场，独立的第三方，始终离不开政府"有形的手"的管控，政府的管控必须得到多方有效的监督，只有政府职能的合理定位，只有政府管理权限得到有效监管，市场才会得到充分发展，使有限的政府和适度的市场相互促进，共同服务于社会的发展。

三、政府与市场协同促进公共体育服务需求满足的最大化

公共体育服务是公共服务的一个分支，公共体育服务不同于其他，它是随着市场化经济的转变，国民经济的发展，人民需要层次的上升逐渐被重视的。我国在特定时期采用特殊政策如举国体制，使体育发展取得了可观的效果，为我国国际地位的提高及体育氛围的形成作出了突出贡献，但是，时代的前进使我们明白，金字塔式的举国体制并不能更大范围地满足我们的体育需求，也不能全方位地体现体育的内在价值。体育是具有多功能的，它更应该服务于广大公民，基于此，全民健身上升为国家战略，公共体育服务成为我们研究的热点。公共体育服务是一个复杂的服务体系，公共体育服务可由政府、市场分别独自提供，但是最有效的是政府与市场相互协作，协同治理。政府与市场有各自的优势与不足。政府与市场都

只是人类促进社会发展的一种手段。随着政府中心主义弊端的暴露，市场优势的逐渐发掘，理论界提倡政府与市场协同治理，二者各司其职，使资源配置中政府掌舵与市场划桨相适应。这也就要求我们将公共服务市场化，但是如何推进市场化？如何把握市场化的依据与标准？这是我们现在面临的一个重大命题。

"政府是提供公共服务与增进公共利益的负责人"①。市场的特点是具有开放性、多元性、自主性与竞争性。国内外的成功案例告诉我们，聚是一团火，我们不要单打独斗，我们需要分工合作。在公共体育服务方面，我们更需要政府与市场结合，提供不同层次的公共体育服务。政府把握前进的方向，市场提供前进的动力。

（一）政府与市场优势互补

市场的优点在于能够使经济活动遵循价值规律的要求，适应供求关系的变化，通过价值杠杆和竞争机制的功能，把资源配置到效益较好的环节中去；能够使企业转压力为动力，实现优胜劣汰，促进技术和管理进步；对各种经济信号反应比较灵敏，能促进生产与需要之间的及时协调。在资源配置方面，竞争机制被认为是最有效的调节手段。而政府的优势在于，能够观天下之势，把握整体大局，如同黑夜中的一座灯塔。它对经济总量的平衡、宏观经济结构的调整、生态平衡和环境保护等的调节起着无可替代的作用。当

---

① ［美］詹姆斯·安德森. 公共决策［M］. 唐亮译，北京，华夏出版社，1990. 222.

然，政府在调控大局时并不能做到事必躬亲，无微不至。在政府宏观调控的大环境下，我们需要发挥市场的优势。政府与市场不是对立的，而是相互依赖的。并不是政府退出，市场就自然扩大，或是政府权限扩大，市场空间就减小。政府与市场的作用从某种程度上讲是互补的，政府与市场发挥作用程度的大小，不是它们空间的大小影响它们能够发挥作用的大小。政府与市场有边界也有交集，政府的有效作为是为市场发挥其自身优势提供良好的大环境；弱化或是取消政府的有效作为，市场的优势则无处可施。因此，政府与市场应发挥各自的优势，并不是谁取代谁，而是相互促进。

（二）寻找政府与市场的平衡点

"平衡各种矛盾与冲突是公共行政的精髓所在"。① 寻求政府与市场的平衡点，一方面要明晰各自的角色定位。政府是规则的制定者，市场是竞争的场所。政府掌握发展方向，敢于让市场去划桨，让市场作为主体参与到公共体育服务中来。另一方面，审慎推进公共体育服务的市场化。在经济新常态下，全球经济复杂多变，我们在推进公共体育服务适度市场化过程中要不断创新，把握市场规律，从大局形势出发。公共体育服务涵盖了多方面的内容，市场化也有多种形式，在进行市场化选择时需规范相关要求，避免因错误的选择而带来的危险后果。除此，政府向市场转移职能时，并不是

---

① ［日］［美］戴维·罗森布鲁姆，罗伯特·克拉夫丘克. 公共行政学：管理、政治和法律的途径［M］. 张成福译. 北京：中国人民大学出版社，2002.

转移了全部责任，政府始终需要承担公共服务市场化的服务责任。

四、公共体育服务市场化的不可替代性

首先明确，公共体育服务的市场化虽然不是单一的，但是在政府正确的引导下，推进公共体育服务市场化具有不可替代性。新制度经济学要求政府不断转化政府职能，不断提高政府工作效率，不断明晰工作职责，逐步从全能政府向有限政府转变。政府的有限性必然会导致政府供给公共体育服务的局部失灵现象，公共体育服务的政府失灵为市场化提供了进入的理由，而市场自身的优势是公共体育服务引入市场化的内在主因。政府并不是公共体育产品的必需供给者，若把政府看作是公共体育产品的必需供给者会因此导致政府体育部门出现"越位"的情况①。当前市场化的优势逐渐被大众所认识，公共体育服务的市场化也逐渐成为国际社会的选择，欧洲许多国家建立的社区俱乐部都规定有义务向社区居民开放运动场地。由此可见，公共体育服务需要政府的供给，更需要市场的积极参与及其他部门组织的有效补充。

研究表明，公共体育服务中引入市场化具有较大优势：其一，引入市场化能促进形成公共体育服务的竞争局面。将市场的价格调节机制、竞争合作机制、成本控制机制和风险规避机制等引入到公

---

① 王学实，汤起宇．论体育的市场机制引入———"体育可以产业化而不能市场化"质疑［J］．天津体育学院学报，2007，22（3）：211—234.

共体育服务中能促进体育服务行业的竞争①。其二，公共体育服务中引入市场化可以有效打破公共体育服务的行政型垄断，填补政府供给公共体育服务的失灵缺陷。其三，公共体育服务引入市场化可以减少政府提供公共体育服务支付成本，可以提高政府公共体育服务的效率，可以满足部分体育消费者的个性化需求，可以将公共体育资源配置搞活，可以提高公共体育资源利用效率②。其四，公共体育服务中引入市场化可以有效避免公共体育服务消费中的"搭便车"行为，可以不同程度规避"政府部门经济人"谋利和寻租行为，可以适当缓解公共体育服务的外部性。其五，公共体育服务引入市场化，可以增强供给主体和消费主体的风险意识，从市场的角度和消费的角度倒逼政府和政府体育部门的职能转变，可以通过市场"自下而上"反馈供需双方信息，完善契约的公共体育服务市场等。所以，市场化的引入对我国公共体育服务的供给具有十分重要的作用，主要表现在以下几个方面：

其一，公共体育服务市场化是公共体育服务事业可持续发展的内在要求。随着全民健身上升为国家战略，人们对公共体育的需求也逐渐增大，为使人们在体育方面的获得感提升，满足人民多元体育需求，发挥市场、政府、事业单位等社会组织的多元供给主体的优势，我们必须进行改革。单一的政府供给不仅仅缺乏有效竞争，

---

① 唐立慧，郇昌店等. 我国公共体育服务的市场化改革研究［J］. 西安体育学院学报，2010，3（27）：257—261.
② 任海，王凯珍，肖淑红. 论体育资源配置模式———社会经济条件变革下的中国体育改革（一）［J］. 天津体育学院学报，2001，16（2）：1—5.

而且受政府单一的人力、物力和财力的限制，难以满足公众的多元化体育需求。而市场化可以让多个部门参与进来，增加公共体育服务造血渠道，形成一主多元的供给形态，使得公共体育服务供给具有可持续性。

其二，公共体育服务是一个庞大的体系，而公共体育服务的市场化选择是完整这个体系的重要方式。20 世纪 80 年代西方兴起的新公共管理理论提出了要变革公共服务方式，政府是公共服务的主导者。生产者由一元到多元，除政府外，引入了非营利组织、私人部门，并将市场竞争机制引入公共服务组织的运作中①。我国正处于政府职能转变时期，在构建公共体育服务体系过程中，政府是主导，社会多元主体广泛参与是基础，引入市场机制是关键，因而有市场参与的公共体育服务体系才是完善的公共体育服务体系。

其三，公共体育服务市场化是政府职能转变的重要体现。不同经济时期有不同的经济发展政策，政府重心也会有所转变，在计划经济时期，政府是公共服务的主导者，也更是公共体育服务的主导者。公共服务中的服务供给、管理及最终所有权都属于主导者，由它统一组织与管理。这种单一的供给模式使得公共体育服务的供给效率低下，不能解民之所需。党的十八届三中全会②强调了要加快

---

① 周晓丽. 新公共管理：反思、批判与超越——兼评新公共服务理论 [J]. 公共管理学报，2005，(1)：43—48.

② 新华社. 中共中央关于全面深化改革若干重大问题的决定 [EB/OL]. (013—11—15) [2013—12—01]. http：//news. xinhuanet. com/politics/2013 – 11/15/c 118164235. htm. 2.

转变政府职能，使政府从管理转向服务，促使政府科学地宏观调控，进行有效的政府治理。在市场化过程中，政府从完全的管理到宏观的调控，从完全的管制到监管市场，从完全的控制到营造良好的环境的转变，是政府职能转变的重要标志。

其四，公共体育服务市场化是提高公共体育服务绩效的重要手段。公共体育服务的供需矛盾逐渐成为我国体育事业发展的焦点，逐渐升温的广大人民的体育需求的满足是公共体育服务绩效提高的重要体现。一方面，在政府自身现有的能力下，单方供给照顾不了幅员辽阔的祖国各方人民的需求；另一方面，多元的供给模式能激发无穷的外部力量，产生许多正外部效应，促进公共体育服务需求的满足。市场化过程中满足消费者的选择权，使得有效竞争代替了垄断。因此，公共体育服务适度市场化是提供人民满意的体育服务的重要方式，是提高公共体育服务绩效的重要手段。

第二节　公共体育服务适度市场化的标准

公共体育服务可以市场化，并且需要推进市场化，但市场化成功的关键是把握市场化的边界与限度。首先政府不是万能的，同样市场也有其局限性，我们努力的，是推进公共体育服务适度市场化。

有效把握市场化程度的最佳值，需要遵循以下几点原则。一是把握市场化的对象和原则。市场化对象是服务内容，市场化的原则是保留政府责任。"市场化不等于脱离政府，不等于政府责任的完全让渡，内容可以外包，但是政府责任不能外包。政府的责任是保留核心职能和监管职能"①。因此，公共体育服务市场化必须是有限的市场化。公共体育服务市场化仅仅是政府履行责任方式的市场化而不是政府责任本身的市场化，完全的市场化便是逃避责任的表现。二是把握市场化的度。市场化的过程需要全民推动与方方面面的参与。这就要求我们在市场化过程中把握市场化的程度，不能去市场化也不能完全市场化。公共选择理论的核心思想就是市场经济下政府干预行为的局限性和政府失灵问题。将经济学中的"经济人"假设到政府管理活动中，政府官员与"经济人"一样，在公私利益面前，必然会追求自身利益最大化，那必然会出现政府供给效率低、腐败等一系列问题。这就需要引入市场，引入竞争。然而，米本家②通过分析国外公共服务市场化有益经验，认为公共服务市场化存在一些问题，垄断导致公共服务设施投资不足；私人利润最大化导致公共服务收费偏高；寻租导致公共服务市场化滋生腐败；监管缺失导致公共服务企业利润偏高等。市场不是万能的，在市场化的过程中，市场的积极作用也是有限的，我们不能全盘否定政府的积极作用，我们更需要政府的宏观调控，不能过于夸大市场

① 沈志荣，沈荣华．公共服务市场化：政府与市场关系再思考［J］．中国行政管理，2016（03）：65—70.
② 米本家．公共服务市场化：成效、困境及路径选择［J］．西南大学学报，2012，38（3）：166—172.

的作用，应该理性认识市场化，促进公共体育服务适度市场化发展。

一、明确公共体育服务供给主体

公共体育服务的供给是满足公众体育需求的途径，供给者将公共资源按照一定方式完成资源配置来满足公众的体育需求。因此，公共体育服务的供给主体是指提供公共体育服务的组织，主要是政府和体育行政部门。但是政府和体育行政部门不能满足公众的体育需求，为适应社会的快速发展，在服务型政府建设的过程中，必须引入市场来供给公共体育服务。政府是公共体育服务供给的主要部分，市场是公共体育服务供给的重要部分，二者缺一不可。一是转变政府职能，在公共体育服务市场化中充当管理者。从原来的垄断、直接管理模式转变为选择投资、加强对市场监管、制定和完善相关政策。二是引导公共体育服务市场化，通过一系列积极措施激发市场活力，让市场以良性的发展方式来提高公共体育服务的水准。

二、明确公共体育服务市场化领域

目前我国公共体育服务主要涵盖了体育场地设施服务、体育活动服务、体育组织服务、体育指导服务、体育信息服务、体质监测服务六个方面的内容。"群众性体育活动组织、公共体育场馆建设、社区健身场地设施建设与维护、体育自然资源开发利用、社会体育指导员培养、体育后备人才培养、体育竞赛表演、体育用品消费、体育中介等体育产业领域市场化认同度均达到50%以上"①。这就意味着不是所有的公共体育服务都可以市场化，要分门别类，以有效市场化来提高服务质量与供给效率，但是有效市场化需要政府来担任供给主力。在这里我们将公共体育服务分为公益性公共体育服务、准公益性公共体育服务和非公益性公共体育服务，它们的主要特征、适合进行市场化的实例、投资主体见表3。

表3　公共体育服务的分类

类型	主要特征	适合进行市场化的实例	投资主体
公益性公共体育服务	公益性最高，具有很强的非竞争性和非排他性	公共体育器材设施购买、社会指导员培训	政府社会
准公益性公共体育服务	满足群众需求	各类场馆、体育活动组织、体育用品消费	市场、政府
非公益性公共体育服务	满足群众个性化需求，具有竞争性和排他性	体育竞赛表演、职业赛事、经营性健身俱乐部	市场

公益性公共体育服务是为了满足公民各种基本体育需求而提供体育产品和行为，具有最高的公益性，非竞争和非排他性很强，主要依靠政府投资，如公共体育器材设施购买、社会指导员培训。而部分纯公益公共体育服务就不适合进行市场化，比如体育法律法

① 贾玉琛. 县域体育公共服务市场化的研究［D］. 山西师范大学，2014.

规、制度等。

准，作为前缀，表示程度上虽不完全，但可以作为某类事物看待。准公益性虽然在程度上还不能说是公益性，但它也可以当作公益性来看待。准公益性公共体育服务严格说还不是完全公益性的，但也可以当作公益性公共体育服务来看待。准公益性是政府的一种投资方式，我们一般认为是非营利性和具有社会效益性的项目，一般指的是规模大、受益面广的项目，公共体育服务正是具有这样的特点。它通过市场参与可以缓解政府单纯供给的压力，而且能满足人民的体育需求，提高服务效率。各种体育赛事的举办、体育活动的组织，都可以通过市场来运作，例如 2018 年李宁 3V3 羽毛球赛金冠长沙站，它首先交一定的报名费，同时会送给参赛者相应的赠品，如衣服和球包，我们可以说它是准公益性公共体育服务。它既提供了体育服务来满足长沙市民的体育需求，激发公众体育热情，也提升了自身影响力和品牌的推广。

非公益性也即营利性。非公益性公共体育服务是以营利为首要目的而提供的公共体育服务，如健身俱乐部、各类职业赛事等。非公益性体育服务往往能带来更好的公共体育服务的体验感，在公众体育需求中会起到非常好的体育满足的效果，政府可以通过政策对市场进行监管，采用一定的方式进行支持。这就是说，政府、市场、社会共同合作，体育项目培训市场应该更加贴近群众，为各类健身人群提供便利、科学的服务，满足群众的健身休闲娱乐需求，提高公共体育服务供给效率。

　　把握市场化发展的"度"，既不能"去政府化"，也不能"去市场化"，政府要为公共体育服务市场化提供良好的政策服务，市场化也需服务于政府职能转变。政府要给自己"减负"，放弃全能政府的认识，把自己不擅长的移交给擅长的组织处理。市场也需发挥自己的优势，在政策法规规定内，结合市场规律与公共体育项目特点，有序、有度地进行市场化发展。

三、明确公共体育服务市场化的模糊交叉属性

　　公共体育服务事业属性和产业属性的观点大致有三：一是公共体育服务（或体育服务业）的产业论。该观点认为公共体育服务就是体育产业，可以完全市场化运作，利用市场化机制发展体育服务业。二是公共体育服务的事业论。不能市场化，在任何时候公共体育服务都要保持事业属性，是体育产业的事业部分，只能按照事业发展体制运作。三是公共体育服务是事业和产业的复合体论。可以部分市场化，把公共体育服务中少量能进入市场的部分产业化，实行经营性市场化运作，把公共体育服务中公益性突出的大部分坚持按照事业管理体制运行，总体来讲公共体育服务业实行"事业"部分的非市场机制和"产业"部分的市场机制相结合的运行机制。考察上面三种观点，我们倾向于第三种，即公共体育服务具有事业性和产业性的双重特征，坚持公共体育服务是以公益性事业为主、以经营性产业为辅的复合体。不难看出，公共体育服务的事业和产业

的双重属性决定了公共体育服务与市场的交集，这个交集和重叠的部分正是公共体育服务可以市场化的区域，把握好交集区域的范围和深度，正是公共体育服务适度市场化的研究重点。

相关领域的改革实践证明，将公共事业完全按"产业化"要求全部推向市场是不恰当的。我国公共体育服务具有事业和产业的性质，既要避免完全按照事业标准发展的保守，也要避免完全按照产业标准发展的激进；我们需要明确区分公共体育服务的公益性事业和经营性产业区域，避免"一刀切""一边倒"，强调事业、产业"两手抓"，协调发展，适度市场化，形成政府"掌舵"、社会服务组织"划桨"，社会公众需求"载舟"，职能边界清晰的新型公共体育服务格局①。

---

① 李国荣. 民营之路［M］. 上海：上海财经大学出版社，2006：235—246.

第四章

公共体育服务适度市场化发展的
运作机制

第一节　健全公共体育服务体制

公共体育服务适度市场化是借用市场本身的优势来优化和弥补政府公共体育服务的不足，市场机制通过价格调控实现资源最有效、最有活力的分配。公共体育服务适度市场化是公共体育服务良好运转的一种选择并且高效的一种方式。首先"体制"是指国家机关、企业和事业单位在机构设置、领导隶属关系和管理权限划分等方面的体系、制度、方法、形式等的总称。公共体育服务体制的健全是公共体育服务适度市场化有序进行的前提。随着我国国民经济的提高，国民可支配收入的提高，我国公共体育服务需求也正在升级，公共体育服务的日趋完善离不开公共体育服务体制的健全。健全公共体育服务体制旨在使有限的公共体育资源能最大化地发挥其作用，最大化地满足广大公民日益增长的体育需求，而目前我国公共体育服务面临两大困境：一是供需矛盾突出。一方面，现有的资源供给不均衡及资源本身的缺乏，导致能提供的公共体育服务资源缺乏，另一方面，公民体育意识与对体育认识的提高，公共体育需求增长，导致公共体育服务供需矛盾逐渐突出。二是社会发育不足，公共体育服务社会化不充分。这两大问题可分别认为是公共体育服务体制中的公共体育服务供给机制和管理机制即权力分配机制的发育不足。究其本质，即政府在体育事务中的行政色彩过于浓重，没有处理好政府"掌舵"与市场和社会"划桨"的关系。20世纪80年代以前，"政府承担着从宏观到微观几乎全部的体育事务"[1]，从而形成了组织严密的体育行政管理体系，竞技体育"举国体制"就是这一体系的集中表现。但是随着社会的发展，人们对于自己的实践要求更强烈，体育不再是少数人的体育，而是越来越多的公民的选择，庞大的人群系统仅仅依靠政府的行政管理体系供给是万万不够的，现实也证明了这一点。党的十八届三中全会提出了"治理"概念，新时期，我们公共体育服务体制也必须把握住"治理"理念，把形成"治理型体育体制"作为公共体育改革的历史使命和责任担当。

---

① 刘亮，吕万刚等. 新时期我国体育体制的理性化重塑——研究路径回顾与分析框架探索［J］. 体育科学，2017.7（36）：3—9.

一、抓住社会的现实需求，遵循功能匹配原则

健全公共体育服务体制，要促进公共体育服务体制逐渐分权化，引入市场机制，实现由政府一个主体到多个主体供给的转化。在明晰政府、市场与社会关系的基础上推进体育行政职能转变，根据现实需求，弱化政府的包办权力，明晰政府的权责，政府作为政策决定者，应把握大局，放权于市场与社会，让其自己健康成长从而实现社会化，满足社会需求。引入市场机制，已经形成一定的理论基础，但实际的操作运行过程还存在很大阻力。[①] 比如，大型体育场馆的资源闲置，没有实现功能匹配进行合理利用，没有放权于社会，发挥社会的强大力量，究其原因，我们对于功能匹配的最佳原则没有把握好，放权的实际意义没有明晰。政府的权力转让并不是原封不动的全部转让，全部转让只是"新瓶装旧酒"，实质依旧换汤不换药。

国家、市场和社会作为不同主体的存在，有着符合自身特点的社会角色和功能，只有厘清它们各自的特点，发挥各自的优势，才能实现资源的最大化利用，效用的最大化呈现。公共职能只能由市场使其效益最大化，有些则由非营利组织或政府实现其最大的合理化。对于现在我国的公共体育服务体制而言，政府、事业单位、市

① 张心怡，董芹芹. 中西方体育社会组织的比较研究［J］. 体育成人教育学刊，2016. 32（4）：79—81.

场在公共体育服务实践运行中有各自的角色和使命，也有各自的责任。例如，对于大型体育场馆而言，当政府履行其职能主体时，会免费开放体育场馆以满足公民的体育需求。但当体育场馆转由市场时，市场发挥自身能动性，丰富场馆的功能（如，场馆内可以设置马戏团的表演，来收取一定的门票以维持运营）。因此，应结合有限的资源与现实需求，通过功能匹配，实现公共体育服务资源效用的最优化。

二、健全法律监督，健全公共体育服务的关键一步

法律是一种概括、普遍、严谨的行为规范，法律监督是国家实现其职能的重要手段，公共体育服务体制的构建必须有法律的保障，健全法律监督是公共体育服务的根本保障，健全公共体育服务体制的关键一步便是健全法律监督体系。法律的存在为公共体育服务效益的提高注入活力，法律的健全使得民众的体育权利有法可依、有法必依，体育权利一方面是法律赋予公民的权利，另一方面是政府根据法律对公共体育事务进行管理的责任功能的总和。《中华人民共和国体育法》自1995年颁布以来，我国体育事业取得了很大进步，体育管理和市场环境都发生了很大变化，但是随着体育事业的发展和人们对体育认识的发展，体育的逐渐市场化以及群众体育上升为国家战略，公共体育服务的发展成为现在体育工作的重点，以前的法律体系也需要发展和更新。对于解决公共体育纠纷，

公共体育事业中资金保障等，都需要对《中华人民共和国体育法》加以修订，以更好地服务于体育的发展。

三、探索协作治理，多中心服务模式

多元化是我们这个时代的标签，多元的体育需求需要政府、市场与社会组织协作治理。只有探索多中心服务模式，才能发挥公共体育资源的最大利用率。近年来，协作性治理正在成为一种新的公共管理发展趋向，公共部门的协作治理、跨地区的协作、跨行业的协作越来越多，公共服务的供给也越来越具有包容性，它不仅仅是政府的责任，也不仅仅是政府的领域，它应该由相关利益者共同参与。2013 年党的十八届三中全会通过的《中共中央关于全面深化改革若干重大问题的决定》引入了"治理"这一新的概念，为协作性治理提供了理论支撑、政策支持，这意味着我国政府的建设方向，特别是公共服务的建设将由"管理"向"治理"转变，我国公共体育服务适度市场化的发展也将借鉴治理优势。协作性治理作为一种新模式来促使政府和市场、社会能相互作用，共同致力于公共体育服务。公共体育服务协作性治理的着力点，在于围绕公共体育政策或公共体育项目的共同协商决策过程。公共体育事务本身就是一种参与者多样、需求形式多样、利益主体多样等的复杂体，每一个公共体育问题的解决都涉及多个组织、多种主体，需要政府多个职能部门以及市场、社会组织的协同治理。随着全民健身上升为

国家战略，公共体育服务的问题越来越突出，这些问题要得到解决，需要通过协作治理，多中心服务，发挥各自的优势，由过去的一方主导、单一决策向协作治理、多元决策转变。须知，政府作为公共管理权力的最高代表，是公共体育服务开展和公民体育权利的维护者，但不代表政府在公共体育服务中具有唯一的决策权力，政府根据市场和社会组织的信息反馈，在宏观上把握公共体育事业的发展方向，引导公共体育健康发展，及时弥补市场的失灵。市场既是资源配置中最活跃的因素，也是实现资源配置最有效的因素，市场机制的功能主要是对微观经济主体进行分散决策。社会组织也即第三方组织，它具有聚合社会资源，协调各方关系的独特作用，是将政府、市场及社会联系起来的最佳载体。

四、建设评估责任监督机制

绩效评估作为手段而不是目的，是为了检测公共体育服务适度市场化运行模式的效用性的一种理性工具。评估是为了及时发现不足和需要改进的地方，是为了确定可行性的方案，在评估中我们能找到公共体育服务的更好的方式方法，促成有限资源合理配置。问责不是评估的目的，问责是为了更好地落实问题来源，避免"三个和尚没水喝"的现象，发挥评估问责的杠杆效应是健全公共体育服务体制的最后一招。从党的十八大报告明确提出"创新行政管理方式，推进政府绩效管理"，到党的十八届三中全会进一步强调"严格绩效管理，突出责任落实"，建设绩效型政府已是大趋势。根据公共体育服务的特点，构建科学的绩效考核体系，建立一个评估问责的良性系统，减少责任主体，避免形成责任群体的低效和不作为现象，彻底改变过去评估缺位、问责乏力的尴尬局面，让我们能着实地感受到群众体育作为国家战略的一部分，所以，必须建设以科学的绩效评估和有效的行政问责为基础的绩效型政府。

第二节　公共体育服务适度市场化的竞争机制

引入竞争手段是改善公共服务的最有效手段。从我国公共体育服务运行过程来看，主要经历公共体育服务规划、公共体育服务融资、公共体育服务提供与消费、公共体育服务评估等过程。在此过程中，政府需要对公共体育服务的提供者进行合理规划和有效监管，需要对公共体育服务生产者（企业、事业单位）和公共体育服务使用者（顾客）进行规范协调，促使各部门有序竞争。公共体育服务市场化就是为了公共体育服务资源能更有效地满足人们日益增长的对体育服务的需求，在市场化过程中，我们要引用合理的竞争机制来促进服务的效率与服务的公平性，不断完善公共体育服务供给。

一、决定服务竞争程度的效率机制

在公共体育服务中只有通过"竞争"与"垄断"间的博弈，不断提高公共体育产品中的竞争程度，才能实现公共体育产品运行的高效率。

首先，公共体育服务要分权化。根据我国政府由中央、省、市、县构成，各级政府应适当分权提供不同的公共体育产品。公共体育服务分权化需要依靠我国不同级别的政府组织机构，需要针对不同地区、不同发展程度提供不同的服务，需要提供与之配套的事权与财权，使公共体育服务分权化。

其次，公共体育服务中引入民营化。萨瓦斯说过，民营化是为了更好地服务于政府，服务于社会的一种手段。公共体育服务民营化的改革是希望借助民营化，发挥人民的智慧，扩大公共服务事业的规模，减轻各级政府公共服务事业的财政压力，同时使民间企业获得更大的发展空间。民营化通过民有民营的方式，可以充分发挥公民的主观能动性，合理调配资源，提高公共体育资源的利用率。

最后，需要公共体育服务由单中心向多中心转变。多中心理论要求在市场秩序与国家主权秩序之外成立新的社会运转中心，构建"自上而下"决策和"自下而上"表达相结合的机制。

二、决定服务竞争程度的公平机制

公平原则是我们一直追求并渴望得到保证的一项基本原则。孔子曾提出"不患寡而患不均"的观点。然而世间难得绝对公平，我们追求公共体育服务的公平机制，是希望在平等原则的基础上，在保证社会特殊群体公共体育服务得到改善的基础上，承认它在群体之间的服务程度可以存在差异。"公平原则包含了平均分配原则，强调的基准是公共体育服务水平应该平均分布。"① 在公共体育服务中需要做到以下几点：

其一，公共体育服务财政支出实现服务均等化，为公共体育服务提供公平的财政保障。党的十六届六中全会通过的《中共中央关于构建社会主义和谐社会若干重大问题的决定》提出，要促使公共财政制度逐步完善来逐步促进基本公共服务能平均地分配到每个公民身上，尽早使公共体育服务财政支出实现服务均等化。当前我国公共服务中存在区域差异和人群差异，因此公共体育服务组织需要考虑到不同类型的公民对体育服务的不同层次需求②。

其二，公共体育服务的再分配要兼顾公平。鉴于我国特殊的国情，我国公共财政的分配结构中，初次分配注重效率，二次分配需

① 冯伟.国家"苏南现代化示范区"公共体育服务有效供给模式及效率研究［D］.苏州大学，2016.
② 刘旭东，曾强，苏欣.全民健身背景下公共体育服务资源配置研究［J］.哈尔滨体育学院学报，2017，35（06）：26—30.

要兼顾公平。

其三，公共体育服务需要内部化。公共体育服务具有很强的外部性，而且这种外部性的内部化是虽被忽视但却可以发挥大作用的一个途径。促使公共体育服务外部性的内部化，就是使公共体育服务提供主体造成的外部收益通过不同方式转化成为它的私人收益①，将公共体育服务的正外部性进行内部化，可以减少公共体育服务的市场失灵，激发市场的活力，聚集各方资源，减小资源享受的差距，增加资源分配的公平性，通过缩小差距来增加公平性。

其四，公共体育服务供给主体多元化。任何单一的都是无助的，现在社会讲求的是协作，是伙伴关系，是共享。公共体育服务也一样，若是只有单一的提供者必然会遭遇供给失灵，以往的政府单一供给已经显现出其供给乏力的态势，因而我们寻求最有效的供给方式，那便是多元主体进行供给，发挥各方力量。政府作为多元供给主体的一个部分，其中还包括市场和社会组织。多元主体的供给不仅促进公共体育服务的公平性，还能促进公共体育分配的公平性。供给主体的多元性会促使在公共体育服务市场化供给中，供给主体竞争的多元性，主要有"私私竞争""公私竞争""公公竞争"，促进竞争的公平性②。当前，公共体育服务供给主体的多元性主要表现为政府由直接供给转向间接供给，如 PPP 模式、政府购

---

① 汪文奇，金涛，冯岩. 新时代体育社会组织参与体育治理的机遇、困境与策略行动 [J]. 武汉体育学院学报，2018，52（11）：12—17.

② 来博. 多元供给模式下我国公共体育服务供给侧结构性改革研究 [J]. 广州体育学院学报，2018，38（01）：34—37.

买、特许经营、政府补贴、凭单方式。

第三节　公共体育服务适度市场化的调控机制

公共体育服务适度市场化的调控机制是公共体育服务适度市场化运行机制体系的重要组成部分，是公共体育服务适度市场化的内在要求，也是公共体育服务"供给侧"改革的外在体现。

一、坚定政府的宏观调控机制

对公共体育服务市场化过程中的调控，要以市场化过程的实际需要为基础。政府职能是公共行政的核心内容，直接体现公共行政的性质和方向，在公共体育服务市场化过程中必须坚持政府的宏观调控，发挥政府管理者与调节者的职能。因此，在公共体育服务市场化的同时，应加强宏观调控机制建设，形成一个以市场为主体、政府为主导、第三方组织为主线、辐射整个公共体育服务市场的形成、传导和调控机制，使政府宏观调控机制发挥主导作用，市场调控机制在公共体育服务的资源配置中真正发挥决定性作用，以保证公共体育服务的持续、健康、快速发展。

二、建立公共体育服务市场发展的长效调控机制

在建立公共体育服务适度市场化的基础上，建立与之配套的法制及市场监管等制度，以建立公共体育服务市场发展的长效调控机制。"市场机制被认为是迄今为止人类拥有的最具效率和活力的经济运行机制和资源配置手段，其无与伦比的功能优势在于借助价格机制的作用，把经济人的理性利己行为转变为利他行为，并自动实施供求调节，实现经济运行的瓦尔拉均衡和资源配置的帕累托最优。"①

三、确定政府的宏观调控机制与市场长效调控机制的结合

公共体育服务适度市场化发展不能脱离政府的宏观调控机制与市场机制的结合，在这里政府发挥的是宏观调控作用而不是其他，市场发挥的是长效调控机制的作用而不是其他。政府与市场是相互促进的，它们具有"统一性、互补性"。统一性表现在政府的宏观调控是为了转换角色，以市场为调控对象，为市场提供良好的发展环境，让市场能发挥自己的能动性，最终目的是使公共体育服务有效有质量地服务于人民，使公共体育服务适度市场化顺利进行。互

---

① 鲍延磊. 市场化进程与宏观调控机制建设 [J]. 经济世界，2009 (02)：82—85.

补性表现在宏观调控是为了弥补市场的不足，为市场发挥导向功能。市场长效调控是为了满足国家人民的需求，两者相互结合共同作用于公共体育服务，维持国家公共体育供给的有序稳定。在资源配置的调节中，政府和市场发挥着各自的作用，它们致力于一个共同的目的，但它们的作用点和作用方式不尽相同。只有当政府这只"看得见的手"与市场这只"看不见的手"结合起来，共同发挥作用，才能使公共体育服务的市场化发展有条不紊地进行。

第五章

公共体育服务适度市场化的运作模式

我国公共体育服务市场化过程中，供给主体逐步增加，政府、市场和社会组织的共同参与，使公共体育服务供给形成了多元化形态。随着经济和社会的不断发展，我国政府职能逐渐向服务型政府转变，在公共体育服务供给方面，仅依靠政府已不能满足如今人们高速增长的体育需求，无论是供给效率、覆盖范围，还是供给总量，均存在很多不足。党的十八届三中全会报告[1]中明确指出："发挥市场优势，使市场在资源配置中起决定性作用。"但市场并不是万能的，有其局限性，在公共管理领域通常只能适度市场化，同时政府在发挥作用时也不是万能的，此时就需要第三方（如社会团体）来沟通政府与企业（私人）的关系，用来弥补市场与政府"失灵"的空白。[2]

---

[1] 《中共中央关于全面深化改革若干重大问题的决定》的实施意见 [N]. 湖南日报，2014—02—13（006）.

[2] 吴练达，韩瑞. 纠正市场失灵的第三种机制 [J]. 财经科学，2008，6（243）：81—84.

公共体育服务市场化改革模式主要有9类，包括PPP模式、特许经营、内部市场、合同外包、股权合作模式、补贴制及凭单消费制、用者付费模式、政府购买、政府撤资模式。

第一节　PPP模式

一、PPP模式的理论基础

PPP是英文Public—Private—Partnership的缩写，PPP模式是政府与私人之间的相互合作，也即是公私合作，是指公共部门与民营企业在某些公用事业项目的建设或运营中进行相互合作的一种模式。在该模式中，双方运用自身的特长，利益共享，融资风险和责任共担[①]。PPP模式为的是发展城市基础设施项目，或者是为提高公共服务，双方通过合同形成伙伴关系，最后达到双赢的结果。针对我国当前大型体育场馆资源不能充分利用，建设运营存在的许多问题，结合PPP理论以及现有的公共体育场馆运用PPP运营方式的成功案例，将PPP运营模式普及于大型公共体育场馆的运营，是资源合理利用的有效选择。体育场馆的利用恰好可以运用PPP的运营

---

① 陈振明. 公共服务导论 [M]. 北京：北京大学出版社，2011.

模式。

PPP 理论产生于公共产品供给领域，人们为了更高效、高质量地获得公共物品供给，从而引进了该理论。

（一）公共物品与公共物品市场化供给的研究

西方学者最早对公共物品进行研究。经济学家休谟在《人性论》① 中对物品的公共性进行了理论研究，至 19 世纪 80 年代，相关研究日益增多并逐渐系统化。马左拉和马尔科等人在经济财政领域中引入了边际效用理论，此时较为完整的公共物品论创立了。"公共物品"于 1954 年作为经济学术语出现，为公共物品的研究打开了通道②。萨缪尔森认为，非排他性，是公共物品的主要特征。公共物品最早的较规范的定义由美国人奥尔森提出，他认为公共物品是：群体中的任何个体都能够消费，且无法阻止他人消费的物品③，这使人们对公共物品的认识更加透彻。德姆塞茨认为，在竞争中为了使竞争性均衡得到满足，在公共物品供给中，对同一个物品支付不同的价格是一种很好的方式。现实中，人的偏好特点的存在使人们在消费公共物品中也同样存在偏好，人的这种天性使得区别定价的收费方式成为可能。如果排他性技术存在，那么私人部门

---

① 休谟. 人性论 [M]. 北京：商务印书馆，1980.
② 卢先明. 公共物品与政府职能 [J]. 中南财经政法大学学报，2005（1）.
③ 曼瑟尔·奥尔森. 集体行动的逻辑 [M]. 上海：上海三联出版社，1995.

将有可能利用该技术很好地提供公共物品①。

　　萨瓦斯作为世界权威的民营化改革专家，从 1969 年就开始探索公共物品中的民营化问题，在民营化理论的发展中作出了卓越的贡献。他的代表作《民营化与公私部门的伙伴关系》中对于民营化作出了详细充足的阐述。他从民营化的背景、理论与实践三个方面论证了民营化是改善政府供给的最佳途径这一基本理念，并提出民营化和寻求公共部门与私人部门的合作是公共物品供给的有效途径。他同时结合民营化实例深刻分析了民营化中所出现的问题，并提出了切实有效的解决方法②。这一系列翔实的理论使公共体育产品转向适度市场化具有了扎实的理论根基，使公共体育产品的供给多了一个私人部门供给的渠道。

（二）PPP 理论研究

　　PPP 理论可以运用于多个方面，但它与公共物品有着较深的渊源，它的发展源于保罗·萨缪尔森的公共产品理论。萨缪尔森认为，由于公共物品不具备排他性和竞争性，因此消费者自然会选择免费使用公共物品，这使得市场机制的资源配置作用在公共物品领域几乎完全失效，因此需要政府来主导资源配置。仅仅只依靠政府来调节资源配置时，政府的局限性就会充分暴露出来。政府作为主

---

① Demsetz H. The Private Production of Public Goods [J] . Journal of law and Economics. 1970 (13)：294—306.

② 李国英 . 地方公共物品供给的民营化研究 [M] . 长沙：湖南大学出版社，2005.

导地位来控制资源时，无法保证其自身的趋利性，而且无从监控，政府形成垄断带来的对资源的无法有效配置会产生一系列的严重后果。不仅仅使资源浪费，还会使政府失去其资源配置的有效作用，也即政府失灵。随后会产生契约失灵、社会混乱等。为使资源得到更有效的利用，使公共物品的供给达到政府、私人部门、民众多赢的局面，关于多元主体供给的讨论逐渐受到重视，许多学者开始探寻公共物品的多元供给模式。

民营化大师萨瓦斯在研究民营化的同时，对公共产品的公私合作供给理论进行过详细的研究。他认为 PPP 模式的适用范围非常广泛，它是一种合作的方式，这种合作方式可以用于公共服务方面，而且通过这种合作方式所获得的内外部效益都高于合作方单独行动的效益①。他指出 PPP 模式应用的关键是要处理好招标和融资、各参与方的角色、风险、竞争、规制等问题。萨瓦斯对不同的基础设施项目，如公共服务的运营与维护或是改革服务的建造等进行了 PPP 理论模型的假设与实际案例的分析，得出 PPP 模式是目前使用范围最大的一种市场化工具。其无与伦比的优势使得其存在于越来越多的项目运营中。

新公共管理理论从公共部门的角度探讨了 PPP 理论。按照新公共管理理论，PPP 模式是指政府通过吸纳社会力量和民间资源，来共同从事公共基础设施建设，并一起承担公共事业责任。该理论还

---

① E. S. savas. Privatization And Public Private Partnerships ［M］. NewYork：Chatam House，2000.

论述了在公共物品的供给中引入私人部门的必要性①。Jonathan P. Doh, Ravi Ramamurti 研究认为，公共部门在合营行为中对自身角色定位是否准确，是 PPP 项目能否成功的决定性因素。公共部门（即政府）不仅是 PPP 项目的发起人和产品的消费者，还要制定规章制度行使监管权责。因此，要深刻了解 PPP 项目的风险，不得不从政府的角度来进行研究②。

PPP 不仅在理论上有高速的发展，同时也得到很多的实践，在国外的基建项目中有广泛的应用。英国政府自 1992 年起，通过政策大幅度提升了 PPP 模式在公共设施领域的普及，为私人部门参与公共基础建设，尤其是为了缓解政府的财政难题，在资金参与方面提供了很多便利和优惠。③ 在 PPP 的多方面的实践中，英国政府管理者通过大数据对 PPP 项目与其他项目进行对比分析，其结果发现，相同情况下，PPP 项目在保证质量和效率的前提下可以节省 17% 的成本。这是一个非常惊人的数据。此后，PPP 模式逐渐被英国政府推广，建立了系统的推广机制。在政府的推广下，PPP 模式对英国的基础设施建设与社会的发展产生了巨大的影响④。根据有

---

① 欧文・E. 休斯著，彭和平等译. 公共管理导论（第二版）［M］. 北京：中国人民大学出版社，2001.

② Jonathan P. Doh and Ravi Ramamurti. Reassessing Risk in developing Country Infrastructure［M］. Long Range Planning. 2003，36：337—353.

③ 刘志. PPP 模式在公共服务领域中的应用和分析［J］. 建筑经济，2005（7）：13—18.

④ Owen G. Mema A. The private Finance initiative［J］. Engineering, Construction and Architectural Management, 1997, 4（3）.

关报道，在英国政府的健全的推动机制下，PPP 模式走进了英国的各行各业，具体包括交通、教育、环保、公共不动产、公共安全等，而且都取得了非常好的效益。随之，PPP 模式在美国的各行各业中也逐渐推广开来，特别是在公共领域的发展速度是极快的，几乎凡是公共领域都有 PPP 模式。1997 年，葡萄牙将 PPP 模式引入公路网的建设中，在随后的几年里，公路里程比原来增加一倍。智利为了改善公用事业和平衡基础设施投资，在 1994 年便引进了 PPP 理论，到目前为止投资额近 60 亿美元，至今已在 36 个项目中使用了 PPP 模式。为推动 PPP 模式在公共领域的普及，加拿大政府构建了专门的组织机构，同时制定了专门的法律体系，其 PPP 模式在医院、发电设施等中都有相应的项目。欧洲等国家的 PPP 理论发展至今相对较为成熟。其在亚洲地区起源相对较晚，但是现在也有很多成功的案例存在。

PPP 理论广泛运用于公共范围领域，得到了很多国家政府的大力推广，其理论模式在公共体育服务领域同样也具有非常好的效果。我国学者刘志在系统分析了英国等国在公共服务领域应用 PPP 的效果后，从政府管理体制和融资方式的角度全面阐述了 PPP 理论，并从经济学角度对体育场馆应用 PPP 理论进行了分析，提出了北京奥运场馆项目法人招标的两种融资结构，并在总结北京奥运场馆项目法人招标融资结构的基础上提出在我国公共服务领域推行

PPP 模式的意见①。

在借鉴他国经验的基础上，结合我国的基本国情，PPP 模式也逐渐在我国各个基础设施建设中推广，而且推广速度较快，对我国基础设施建设及经济的发展起到了非常重要的作用。但 PPP 在我国被研究和实践的时间还不长，还有很多方面需要不断改善，例如政策法规方面等，以适应我国实际情况和发展需要。

二、PPP 模式应用

政府与企业或私人的合作伙伴关系是 PPP 的核心，双方建立合同关系，以项目的顺利完成和运营为目的，签订合同明确权利关系。在场馆设施民营化供给领域，民间机构在基建方面的技术与经验，以及场馆建成后的运营经验，使得政府有理由与其展开全方位合作，通过合资（作）的方式进行建设，发放长期的可营利的特许经营权（如 30 年，到期收回），构成 PPP 的具体实施。在公共体育场馆的建设过程中，采用 PPP 模式的优势有很多：第一，PPP 模式是一种合作的方式，体现着合作的精髓，在合作中，合作各方需要风险与责任共担，利益共享。这样相对于单一主体，扩大了资源渠道，降低了单一个体的风险，增强了抗风险的能力。第二，PPP 模式增加了信息的来源渠道，使有意图参与公共体育场馆建设的单位

---

① 刘志. PPP 模式在公共服务领域中的应用和分析［J］. 建筑经济，2005（7）：13—18.

能尽早与项目相关政府洽谈，节约招标成本与时间。第三，PPP 模式大型体育场馆的建设有利于资源经费的融合。PPP 模式的优势使其在大型体育场馆建设中获得了很好的发展，同时它也推动了大型体育场馆的建设。

　　PPP 模式在融资过程中，除了社会事业单位的投资外，政府参股是一种重要的融资方式。在大型场馆设施建设中，前期资金投入量较大，政府常通过控股或入股等方式参与建设。广州体育馆是我国第一家引入 PPP 模式实现建设与经营的，广州珠江实业集团有限公司与广州市政府合资 13 亿元，其中市政府出资 7 亿元，珠江集团公司出资 6 亿元且负责建设，并于 2001 年 6 月建成后行使为期30 年的自主经营权。广州体育馆运用"酒店式管理"方式，兼顾了公益性与营利性，是国内典型的建设与运营均获成功的案例。国家体育场也是 PPP 模式下政府参股的成功案例。国家体育场（鸟巢）项目庞大，总投资约 31 亿元，工期长达 36 个月，而且具有公益性，预期盈利低。为保证项目按期完工，满足奥运会的使用要求，并降低中标人的财务压力和运营成本，使得国家体育场能够在2008 年奥运会后达到最大限度的商业化运营，并成为北京市体育文化休闲娱乐的群众性活动场所，北京市政府在项目建设上提供资金支持，由中国中信集团联合体中标，市政府出资 58%，其余 42%的投资由中标人筹措。国家体育场于 2003 年 12 月开工建设，但由于盈利模式的单一，难以收回成本，中信集团经营鸟巢一年后便终止了特许经营合同。

后来，PPP 模式在我国大陆首次应用到了轨道交通的建设与运营项目中，即 2005 年的北京地铁 4 号线建设项目。其基本思路是：按投资项目的性质来进行投资。首先确定投资项目的性质，包括公共性和经营性，将项目分为两个种类，政府作为公共服务的主体，在公共性较强的项目中主要由政府投资，而可以通过经营获得成本回收的经营性较强的项目由社会资本投资、建设，建成之后自主管理，盈利与亏损都由自己负责。项目交由私人营运，与之订立合同，明确成本，确定利益分配模式，既给民间企业施加了控制成本的压力，又为其提供了提升效率、获得更多经营收益的动力。非政府机构在公共服务中的软约束力相对较小，可通过更多灵活的可行的方式进行经营，能动性较强。北京地铁 4 号线采用的 PPP 模式给了我们很大的启示，它的成功不仅仅在于地铁 4 号线的成功，更在于它给了我们更多新的思考，使 PPP 模式在其他基础设施的建设中有了更多的选择，对我们公共体育服务的适度市场化发展具有重要的意义。同时也为国际 PPP 模式的推广提供了非常好的思路。

此外，聊城市承办了 2009 年全运会部分赛事，以此为契机启动了体育公园项目建设，期望建成集大型体育赛事、文化、休闲、健身、娱乐等一体化的体育文化休闲产业中心，采用了 PPP 模式。市政府主导项目前期的立项与可行性研究等准备工作，在论证过程中也意识到建设投资资金、项目管理经验、场馆运营经验等问题，市政府难以独立解决这些问题。因此，市政府经过慎重考虑和严格的筛选，确定了项目的合作方，经过 1 年多的谈判后签订合作合同，确定注资方及注资数量、特许经营权的授予和移交等事项。

第二节 特许经营模式

一、特许经营的理论基础

特许经营一词来自英文"franchising"，特许经营是一种连锁经营方式，与之并列的连锁经营方式还有直营连锁、自由连锁两种方式。国际特许经营协会（International Franchise Association，IFA）认为："特许经营是特许人和受许人之间的一种契约关系。这种契约关系要求受许人向特许人支付一点费用来学习经营的方式方法，特许人将一套完整的经验方式传授给受许人。"① 特许经营是市场化方式之一。一直以来特许经营是商业经营的主流模式，将其成功的经验迁移到公共体育事业的发展，是特许经营范围的扩大。

特许经营制度最早起源于英国。特许经营制度萌芽于 16 世纪，英国政府向私人组织授权建造和管理英国航海业的浮标、灯塔等；到 19 世纪中期，议会颁布法令，规定英国所有的灯塔经营权全部

---

① 范海霞. 北京奥运会特许经营计划实施情况及对策研究［D］. 华东师范大学，2009：3.

授予"领港公会"①。现代特许经营的鼻祖是美国，在长期的研究和实践中，美国在特许经营方面的经验已经使其成为该制度使用的典范。我国政府引入特许经营制度相对较晚，是在 20 世纪 80 年代。但是特许经营的引入首次是在 1984 年深圳沙角 B 电厂的建设项目中，经过该项目的探索，不断吸取经验，在 1995 年我国出台了两个重要文件，分别是《关于以 BOT 方式吸收外商投资有关问题的通知》和《关于试办外商投资特许权项目审批管理有关问题的通知》，来推动特许经营的发展。在文件的推动和政策的鼓舞及项目的成功经验的基础上，特许经营在我国有了很大的发展，在各个项目中都有了新的突破。在 2002 年 12 月颁布的《关于加快市政公用行业市场化进程的意见》（建城〔2002〕272 号）要求："大力促进公共服务的发展，鼓励将市场机制引入到公共服务领域，发展特许经营制度，大力推进公共服务市场的进程。"这个文件的颁布更是给市场注入了活力，特许经营为社会改革建设贡献了极大的力量。目前，特许经营在各个经营性项目中都有所运用。

特许经营在公共体育服务中是指公共体育服务项目的经营权，在某一特定时期内由政府授予非政府组织，经营期间向经营者收取一定费用或由经营者自负盈亏。在特许经营制度下，公共体育服务由政府进行安排，但实际生产者是进行特许经营的民间组织，提供服务产生的费用不是由政府，而是由消费者支付。

---

① 涂晓芳. 论城市公共物品的有效供给 [J]. 郑州大学学报（哲学社会科学版），2001，34（6）：54.

特许经营的类型很多，其范式的不同主要是根据责任、风险与权利的不同来划分的，特许经营包括多种不同的模式，如 LOT 模式（租赁—运营—移交，Lease-Operate-Transfer），BBO 模式（购买—建设—运营，Buy-Build-Operate），BTO 模式（建设—移交—运营，Build-Transfer-Operate），BOT 模式（建设—运营—移交，Build-Operate-Transfer），BOO 模式（建设—拥有—运营，Build-Own-Operate），BOOT 模式（建设—拥有—运营—移交，Build-Own-Operate-Transfer），LBOT 模式（租赁—建设—运营—移交，Lease-Build-Operate-Transfer），BLOT 模式（建设—租赁—运营—移交，Build-Lease-Operate-Transfer），O&M 模式（运营与维护合同，Operation & Maintenance Contract）等。特许经营之所以有这样多的范式，是因为它情况较为复杂，使用范围广，在实际的应用过程中，选择何种方式必须根据现实情况来考量。如美国在网络建设中采用 BOT 模式，英国在交通设施建设中采用 BTO 模式。

特许经营释放了社会组织的活力，转换了政府的供给者身份，避免了政府垄断的可能，使政府安排与监管者的角色得到更好的发挥。[①]

总之，公共体育服务的特许经营，就是公共体育服务的经营权由政府让渡给民间体育组织或企业、事业单位，在特定时期内由经营者提供公共体育服务产品，产品内容由政府进行安排，必须兼顾

---

① 吴庆，陈小红. 基础设施融资指南［J］. 中国投资，2001，(6)：51.

公益性和经营性，消费者付费购买此类产品，经营者自负盈亏或向政府支付一定费用。政府在特许经营过程中须明确自身角色，利用合同、规章制度等手段对收益进行调节，使得政府与特许经营者共享收益。

二、公共体育服务特许经营的特征

特许经营在商业中已经广受欢迎，获得了巨大成功，同时也在向公共事业领域扩张。特许人在契约的约束下，允许有偿使用其名称、商标、产品运作管理经验等。特许经营是政府为引入社会力量来提供基础设施、社会福利及相关服务与非公有实体之间所做的一种安排，它是在特许权合约的基础上非公有实体参与的一种经营模式[①]。

公共事业的建设特别是大型事业，需要大量资金时，可以发挥特许经营的特点，通过特许经营给私人部门打开一扇门，发挥私人部门的优势，弥补政府在大型事业上低效与资金不足的短板，提高公众的需求满意度。特许经营顾名思义它是通过建成后的经营来完成成本的回收，这样它就需要建成的项目具有较长的使用年限，而且具有社会需要的特点。在公共体育服务中，大型体育场馆的建设就符合特许经营的特点。

---

① 车春鹏．公共投资项目特许权经营面临的问题与对策研究［J］．基建优化杂志，2006（27）5：86—88.

公共体育服务中基本设施的供给是公众体育权利得以实现的最基本保障，但是建设与运营中容易引发腐败，造成豆腐渣工程。在特许经营制度中，在特许之前，政府可以通过设立一些准入机制进行筛选，对于质量、材质、时间等方面进行规制，早预防，避免恶性竞争而使公共服务难以得到保障。在规避风险的前提下，通过特许经营来给民间组织提供舞台，发挥市场机制的优势。①

三、特许经营方式的特点

一是可以通过特许经营的方式，利用私人部门的力量，解决政府在面对大规模公共项目建设投资方面的资金难题。二是政府可以利用强制力设立准入机制防止自然垄断的发生。特许经营的服务领域多是基础设施和基础领域，多数属于传统的自然垄断行业，具有资源稀缺和规模经济效益等特性，政府通过制定行业准入标准，引进竞争机制，发挥市场的自我调节功能，防止自然垄断。三是在特许经营中存在价格杠杆的作用，通过价格的特点，来对服务进行调整，同时通过人们对服务质量的评价来进行价格的调控。四是公共体育服务在基础设施方面由于是一次性生产投入，建成后的运营和管理费用相对来说较其他领域要小，且受功能以及回收成本时间较长等因素的影响，政府采用特许经营的方式不多。五是公共体育服

---

① 田宝山，田燏甲，郭修金，郇昌店．公共体育服务市场供给的方式选择、角色定位及机制实现［J］．山东体育学院学报，2016，32（02）：23—28．

务特许经营中由于其具有经营性且具有未回收成本，因此在公共体育服务中的特许经营很难保证其服务的公益性，使得服务性质发生变化。

四、特许经营方式的案例分析

特许经营中最基本的模式是 BOT 模式（建设—运营—移交，Build-Operate-Transfer），政府授予特许权，被特许的私人或企业全权负责项目前期的融资、中期的建设和建成后的运营，合同期满后将运营权交还政府。政府自始至终拥有这些项目的所有权，被特许者只有权进行建设与运营，却为政府解决了建设期所需要的大量资金，以及弥补了政府在运营经验方面的不足。

BOT 模式的使用已经较为成功，在公共体育服务方面，很适用于中小型体育场馆的建设。这种方式在中小型体育场馆的应用，将大大缓解政府在体育基础设施建设方面的资金压力，对于场馆的管理和使用效率也有显著提升。张广选[①]对大型体育场馆项目采用 BOT 模式的风险进行了研究，构建了投资人视角的风评模型并运用案例进行论证。李博韬[②]以国家体育馆为案例，论述了该项目 BOT模式下企业视角的风险预估，并提供了控制风险的方法。关于高校

---

① 张广选. 基于 BOT 模式的大型体育场馆风险管理研究 [D]. 西安建筑科技大学，2011.
② 李博韬. 对国家体育馆 BOT 项目风险识别和对策的研究 [D]. 北京邮电大学，2006.

能否采用 BOT 模式建设体育场馆，有学者进行了论证，伍华荣以长沙理工大学网球场项目为例进行研究，并提出了该项目 BOT 模式下的操作方案。陈存志①等认为，我国 BOT 项目在体育场馆建设项目中存在许多问题，如政策法规、管理体制、人才等方面的问题。

广东省在 BOT 模式的使用方面居国内领先地位，例如广州天河体育中心的大型地下停车场项目，通过 BOT 模式与企业进行合作，全额引用企业资本，增加了政府的公共服务项目，提升了服务水平，企业则通过合法经营来收回成本并有一定利润。另一个广州市的案例是广州国际体育演艺中心项目，项目由凯德体育文化公司进行运营、管理和推广。佛山市"岭南明珠"体育馆项目也采用了 BOT 融资合作模式，以特许经营权的授予来获得中体产业集团的融资，并由后者进行项目建设②。

BOT 模式也被应用于北京奥运会的场馆建设之中，著名的"鸟巢"项目以及五棵松文化体育中心就采用了 BOT 的合作模式。在政府与企业合资、企业进行建设并完成项目后，建设"鸟巢"的联合体与建设五棵松文化体育中心的合资方企业分别获得了北京市政府 30 年和 50 年的特许经营权。BOT 模式在美国体育场馆建设中也广被采用，例如 NBA 太阳队的球馆就是由当地政府和私人部门以

---

① 陈存志，王常青，陈华东．我国大型体育场馆 BOT 融资存在问题及对策研究［J］．商场现代化，2008，06：181—182.
② 新华网．佛山：中体摘"明珠"［EB/OL］．http/www. dxinhuanet. comldishil 2004—11/19/content 3248406. htm.

大约 4∶6 的比例进行融资的，其中太阳队作为球馆的经营和使用者，每年需上缴数十万美元给政府作为合作协议的一部分①。

运营与维护合同模式（Operation & Maintenance Contract），即 O&M 模式，是政府付费，由体育类社团或专业化企业来管理和维护政府名下的公共体育设施。例如我国常州市武进区的中小型体育场馆项目就采用了该模式，建设资金由体育部门负责，建成后，体育局将场馆的运营和管理工作交由体育社团负责，并提供一定的资金补贴。

租赁—运营—移交模式（Lease-Operate-Transfer），即 LOT 模式，是指政府与私人部门签订委托合同，在这种特许经营方式下，私人部门可以对体育场馆进行商业运营，但同时政府要向其收取一定的费用，并在合约期结束时收回该体育场馆。在此模式下，体育场馆的所有权与经营权完全分离，近似于政府委托经营，而事实上，我国大量的公共体育设施已经使用了政府委托经营的模式，如广州体育馆委托珠江实业集团、广州国际体育演艺中心委托广州凯德体育文化发展有限公司、浙江义乌梅湖体育中心委托浙江中国小商品城集团股份有限公司、上海浦东棒垒球场以 16 年的期限委托给日本康贝公司等。LOT 运营模式可解决公共体育设施在经营方面的问题，例如管理经验与维修费用问题，以加速国有资产的回收。

特许经营模式，尤其是 BOT 模式在体育场馆项目中的应用有

---

① 黄永京等. 民间资本在美国体育场馆融资中的作用探析 [J]. 山东体育学院学报，2006，22（1）：39.

显而易见的优势，在解决融资难题和提升场馆运营管理效率方面有很大作用。上述大量国内案例也表明，特许经营模式在国内体育场馆供给中极具潜力，也是未来的发展趋势。全民健身服务与产品具有准公共物品的性质，因此中小型体育场馆采用 BOT 模式进行供给同样大有可为。但是公共体育场馆的特许经营存在的隐患也不可忽视，即政府和经营方都必须明确并处理好公共体育场馆的公益性和经营性之间的关系，不可偏废，在合作过程中政府应履行好监管者的角色，避免公共体育场馆公益性被过度损害。

第三节 内部市场模式

一、公共体育服务供给中内部市场的概念与内涵

我国公共体育服务供给的内部市场是指在供给公共体育服务的系统内部，明确分工和竞争关系，形成内部市场，提高公共体育服务质量的运营方式。其优势主要有：降低组织划分的成本、公共体育服务内部市场变集权为分权、公共体育服务内部市场形成有效激励与约束机制、解决政府预算最大化的痼疾。内部市场管理适用于那些具有结构复杂、组织规模庞大、有特定的受益主体的项目。20世纪 80 年代以来，新公共管理理论的推开，其主张的调整政府与

市场之间的关系，强大市场缩小政府作用范围，得到了各个方面的认可，因此一场重塑政府的运动随之展开。经过实践证明与理论的考量，新公共管理者更加确信转变政府与市场、社会的关系迫在眉睫。他们提出缩小政府职责范围，同时相应扩大市场作用范围，提倡将市场机制引入政府内部，在政府内部治理中引入竞争，实行政府内部的市场机制。这样一来使得政府内部增加一定的危机感，提高内部人员的兴奋度，从而提高公共服务中的效率。

政府部门实行内部市场管理是一种较为前沿的管理方式。一直以来，我国政府的管理在多方面都是行政一体化原则，这种内部市场式的竞争机制管理方式在我国政府内部的完全实行还需要一定的时间。内部市场模式最先运用于企业内部，而且获得了非常好的效果。在企业中，由于企业效率低下，旁观者效应日益严重，企业为了打破这种尴尬的局面，提出了内部竞争机制也即内部市场。内部市场即在企业内部引入竞争机制，这样一方面可以预防内部人员闲余模式，一方面可以提高人的积极性，以此来提高企业的业绩。同样在公共体育服务市场化过程中，内部市场模式也应能收到非常好的效果。将竞争引入公共体育服务的内部，同样也能提高公共体育服务内部的工作效率。

新公共管理理论倡导在公共服务领域引入内部市场管理技术，其设想是，公共服务管理与企业管理在管理上具有一致性，其管理理论具有相似性，其管理原理具有相通性。因此公共体育服务的内部管理也可采取决策与供给的分离，推行内部市场体系。建立模拟市场，使分工明确，明晰各自的职责，划清各自的任务，使各个部门能各司其职，各担其责，提高服务供给效率。

总而言之，内部市场模式引入公共体育服务体系也就是引用其独特的竞争优势，改变原有的笼统模式，使各自权责明晰，提高公共体育服务的质量与效益。

二、公共体育服务供给中内部市场的适用范畴

内部市场在运行过程中具有很多的优势，但同样也要考虑到其存在的短板，明晰内部市场在公共体育服务中的优势与弊端，确定其使用的广度与深度，从而发挥其优势，才能展现其长处。内部市场模式引入公共体育服务体系中来，其优势主要有以下五个方面：

（一）公共体育服务内部市场使各自任务变得清晰

内部市场即要引入竞争，在竞争过程中的评判标准则是每个部门或个人所创造的业绩，用业绩来明晰各自的任务与职责。这在很大程度上形成了对个体的约束与激励。

（二）降低组织规划的成本

公共体育服务向市场化转变，但其核心还是政府，在我国的政府组织中，现在已经是五级制，分别是国家级、省部级、市地级、县处级、乡镇级，具有清晰的层级制，因此在公共体育服务内部市

场模式中，对于行政层次的划分存在很大优势，从而降低组织规划的成本。

（三）政府预算降低

公共体育服务在发展成熟的内部市场，公共体育服务的供给者会降低政府拨款的预算，甚至通过收费来使预算降为零，使政府拨款预算降到最低。

（四）通过内部市场使公共体育服务内部放权

内部市场机制的最大优势是将不同行政主体划分开，并且将行政部门权责划分开，使不同主体有自己的目标导向，在这种目标导向下，各主体将自由使用自己的权限来提高服务业绩。

（五）降低公共体育服务供给成本

在各主体之间的竞争中，不同主体为使业绩提升，会想尽一切办法，其中降低公共体育服务的供给成本就是很好的办法。在这种竞争下会提高人的想象力，促使公共体育服务在满足公众需求时采用各自开源节流的方法。在竞争博弈中，公共体育服务的供给成本也会趋于合理化、降低化。

公共体育服务内部市场同样存在短板：

1. 公共体育服务内部市场化会增加交易成本

公共体育服务内部市场化过程中，由于人类的趋利性使得主体内部难以达到协调一致，除非都趋向利益；内部主体之间在关注业绩的同时会因为考虑问题的角度不同而带来内部矛盾。这样使得各主体的理解不同而增加交易成本。

2. 各主体间的矛盾增加

内部市场中短板的存在是可以理解的，在内部市场中，主体间对价值目标的取向不一致时，内部矛盾的可能性将会增加。

在新西兰等国家，卫生保健领域服务中政府引入了内部市场模式，先由政府向私立或者是公立医院购买卫生服务，然后提供给公民。在我国主要是在农村，政府向医院购买体检服务，精准扶贫对象可免费到医院进行体检服务。

内部市场作为一种非常好的企业管理方式，它同样可以引进到公共体育服务市场化中来。但是，事物的存在不是完美的，需要我们主动地去接受和避免其不足。在公共体育服务市场化过程中引入市场机制，接受并转化其不足将会取得很好的效果。

目前，对于公共体育服务市场化过程中采用内部市场的模式的范围没有作出明确的规定，但是笔者认为，公共体育服务的无形物品与有形物品相比，有形物品才适合用于内部市场，而且有形公共物品中结构复杂、有具体受益主体的更适合采用内部市场模式。

三、公共体育服务供给中应用内部市场模式的制度安排

公共体育服务中，经过比较分析，大型体育赛事组织结构复

杂，涉及行政级别较多，而且追求一定的收益，符合内部市场适用的范畴，因此在公共体育服务中，大型体育赛事的筹办适合采用内部市场模式。在分析大型体育赛事后可知，其成功举办将会产生很多方面的正外部性，具有准公共产品性质。大型体育赛事在举办过程中，借助内部市场的优势，可以充分发挥各主体间的主观能动性，在目标导向下，主体的主观能动性具有无限的潜力，来促使赛事举办效益达到最优，这种效益包含了我们追求的经济效益，更包含了赛事所产生的正外部性的社会效益。

基于以上分析，本书将大型体育赛事作为研究对象，分析其在内部市场模式中的运行模式。为我们内部市场模式的运行在理论的支撑下提供事实依据。

我们以全运会的举行为例，分析其内部市场的运行。在全运会的举办前中后，由不同的行政部门扮演不同的角色。第一，全运会是以政府为主体提供给公众的一项公共体育服务。第二，全运会的举行中，中央政府扮演安排者的角色，生产者的角色由举办方扮演。第三，行政拨款看作是中央政府对公共体育服务的购买。以下对内部市场在公共体育服务中的运用进行详细的分析：

案例链接①：在 2001 年以前，全国城市运动会（全运会）只有北京、上海和广东三个地方才有举办权，由于这三个地方体育资源丰富，经济发达，因此这种限定在一定程度上节约了大型赛事举

---

① 引自十运会官方网站，综合而成。

办成本，但同时这样的限制一方面不利于全运会的发展，具有很大的局限性；另一方面，这样的限定形成了赛事举办的垄断，使全运会开展的正外部性效益大打折扣。

1995 年江苏省政府表达了要承办全运会的愿望，因此这样就形成了内部市场关系，而且获得非常好的效益。在表达了这样的愿望后，江苏省以达到申办全运会的条件为目标导向积极创造条件。从 1995 年的提出到 1997 年的专题会议，到 2000 年的实践行动，即建立了南京体育中心。在内部市场竞争的作用下，江苏省创建体育强省的目标越来越清晰，也越来越靠近。南京体育中心建立后，2000 年 9 月，江苏承办第六届中国艺术节，收到了很好的内外部效益。同时，省委书记回良玉、省长季允石当面向正在江苏视察工作的李岚清副总理建议，请国务院改变全国运动会由京、沪、粤轮流举办的限制，并提出由江苏承办第十届全国运动会的请求。在江苏省的竞争下，2001 年初，国务院办公厅正式发布了《关于取消全国运动会由北京、上海、广东轮流举办限制的函》（国办函〔2000〕81号）。此函明确了取消全运会由北京、上海和广东三地轮流举办的限制，允许有条件的省市申请举办全运会。这一决定很快得到了全国各省市的积极响应。

在限制取消后，辽宁、江苏、浙江、湖北、陕西 5 个省正式提出申办第十届全运会。5 个省都在积极争取，江苏省做了更加充分的准备工作：（1）积极获得申办全运会的基本规律，把握各项细节工作。（2）重视全运会申办的信息采集，厘清表决方式和投票日期。 （3）积极了解民意，为办好人民满意的全运会而努力。
(4) 认真筹拍宣传片，做好各项准备工作。

2001 年 6 月 19 日，通过民主决议在辽宁、江苏、浙江、湖北和陕西 5 省中选出了第十届全运会的举办省是江苏。

2005 年第十届全运会在江苏举行，大型赛事的举办都需要大量的资金的支持，经费的获得是一个非常重要的问题，在此前举办的全运会中，多由于经费的紧张使得全运会的筹备支出大于收入，使得收支失衡。此次全运会，江苏省作出了很多改变决定，走市场化模式，扩大了赞助商规模，引入了商业赞助。打破了全运会的资金尴尬的局面。在引入市场机制后，十运会获得了前所未有的成功，在内部实现了收支平衡，获得了超过 4.5 亿元人民币的赞助金额，同时设立了合作伙伴关系，建立长久的赞助线，同时通过广告收入和电视转播的形式拓宽了资金来源方式，而且其正外部效应巨大。

十运会具有十分重要的意义。第一，它的申办，打破了全运会举办的垄断行为，为各省提供了竞争的机会，为全运会的长远发展作出了重要贡献。第二，全运会申办的成功，为我们提供了宝贵的经验，为公共体育服务市场化提供了很好的事实依据，为我们今后公共体育的发展提供了更多的发展思路。十运会是一种成功的赛事运作模式，通过引入竞争的内部市场模式，形成分权，明晰各部分权责，发挥各种主体的主观能动性，实现体育赛事运作的积极效应。

四、公共体育服务供给中应用内部市场模式的风险

一是效率低下。公共体育服务供给内部市场的应用，主要是利用了人在竞争中的主观能动性的发挥，使部门之间在合作的前提下形成充分的竞争关系，但是若某个环节处理不好或是出错，则可能会使内部产生矛盾，极大地降低内部人员的工作积极性，使得内部市场的竞争效应消失，而且合作效应降低，从而使得整体利益降低，形成一个恶性循环。

二是内部信息不对称。内部信息不对称可能会导致无效竞争，降低部门人员积极性。内部信息不对称主要来源于三个方面的原因。第一，内部人员的知识经验与技术能力的参差不齐，人的价值观的不一致，会导致某些人员对信息的隐藏或误读，使得上下信息不对称。第二，某些有价值的信息获取成本高，而导致信息的不对称。第三，内部管理人员更加关心结果而忽略过程时，便不能对资源使用的具体信息了解清楚，使得上下信息不对称。信息的获得是我们作出判断决定的关键一步，对的信息是我们成功的垫脚石，而不对的信息是我们通向成功的巨大绊脚石。信息的不对称是内部市场竞争的最大风险。

三是管理成本增加。内部市场的优势是在内部形成合作中的竞争关系，竞争关系的形成，使得我们需要将内部再划分为多个小的部门来进行分工。因此，在形成多个部门时，各个人员的独立性更

强，这样在管理上就会更加复杂也更加重要，管理费用也会增加，而且各个小部门之间的信息交流与沟通成本增加。

四是内部垄断供给。内部市场的竞争可能会导致一些恶性竞争。在公共体育服务过程中，往往需要有特殊能力的人才，但是在竞争的一方为了达到竞争获胜的目的或是为了限制对方获得竞争优势，可能会采取极端措施，对一些专业人才实施垄断，恶性抬高佣金。或是在竞争的氛围下，专业人才自身组织形成垄断。不管是哪种情况，垄断的形成都不利于我们公共体育服务内部市场模式的运行。

五、公共体育服务供给中应用内部市场模式的风险规避

从内部市场模式可能存在的风险来看，信息的不对称是最大最可能最容易出现的风险。

加强内部人员价值观的建立。价值观指导着我们的行动，内部一致的价值观会使内部团队更加具有凝聚力，对于形成良性竞争具有极大的作用。良性的竞争使部门之间的交流沟通变得简单有效。同时建立一个良好的团队环境，使奖惩清晰明确。

构建良好的内部沟通环境。在竞争的驱使下，各个部门从平等公平的角度出发，以业绩为目标，这样信息交流的难度增加是不可避免的，但是在良好的沟通环境下，我们的信息交流可以相对更加简单。同时对不同部门采取各自需要的评估机制，形成不同目标导

向的竞争。这样同样的信息在不同的部门具有的价值分量不一，信息的流通也会更加顺畅。

完善内部合作竞争的契约关系。内部市场的引入虽然会形成更多的竞争主体，但是各主体之间还是一个大的整体，在这个整体中的竞争双方存在一个契约合作的关系，通过这个契约合作关系或是在这种契约精神的作用下，各部门的信息流通不对称是可以减少甚至避免的。因而，完善内部合作竞争的契约关系是风险规避的一种可行的方式。

六、小结

内部市场在企业中的运用获得了很大成功，将内部市场管理模式引入公共体育服务中是一项全新的尝试，也形成了一种公共体育服务适度市场化过程中全新的管理模式。这种模式的运用在庞大的公共体育服务体系中，有其独特的优势，但其优势的发挥需要我们把握其规则，明晰其原理，避免其风险，合理地运用该模式。

第四节　使用者付费模式

个人成本与收益的相互分离，使得公共体育服务集体消费单位与生产单位的利益财务关系的解决成为难题，这样就使维持公共财务平衡成为最首要的问题。维持公共财务的收支平衡也就是在支持的同时需要有相应的回收，即提供公共体育服务的单位在支出大量费用来满足公众的体育需求同时需要从服务中受益的人或单位为该项服务收取一定的费用，其中我们要使使用者的付费与所享受到的服务相称。使用者付费在市场经济中具有很好的效果，同样它也适用于公共经济中。

一、公共体育服务供给中使用者付费的含义

付费的含义众所周知，那么公共体育服务供给中使用者付费，也就是在获得某项公共体育服务的同时支出相应的费用的一种方式。在西方许多国家，公共服务的使用者付费是屡见不鲜的。在美国的公共服务中，如垃圾收集、污水处理、娱乐设施、道路、桥梁等方面都主要采用使用者付费的方式。在法国，城市间的公路采用使用者付费的模式，即由私人投资、建造、管理和保养，向使用者收费，在一定期限后，还给政府。受到他国成功经验的影响等原因，在我国，使用者付费的模式也逐渐得到广泛的应用，而且在自来水、桥梁等方面取得很好的效果。付出一定费用的方式会使消费者去思考自身的真实需求，同时也会使消费者去珍惜这份需求，这样会让同样单位的公共服务受益于更多公众，使公共资源得到有效配置，更多地发挥其存在的价值。使用者付费在现代社会是一种较为公平的方式，它消除很多特权，使每个人都是一样的。在美国，

公众普遍认为使用者付费是最好的一种方式。

在市场竞争中，价格作为一种外显的直观的表现形式，发挥着极其独特的作用，使得行业的供求关系都是围绕着价格的变化而变化。在价格机制的作用下，生产与消费能够较好地平衡。每个厂商按既定的市场价格出售产品，因而市场价格等于平均收益，也就是说，边界成本和边际收益与价格相等，并且在生产和消费上能够很好地达到资源配置的平衡。人们在对价格进行比较的过程中，机会成本变得清晰，价格机制被认为是人们进行选择的标准，是人们选择偏好的风向标。

公共服务的广泛性、多样性、复杂性，使得现实生活中的价格机制没有在公共体育服务领域发挥其特有的调节作用，使得公共体育服务的供给没有形成高效供给。究其原因，首先是公共服务中公共产品的公共性使其本身在计量中产生许多的困难，另外，也是更重要的几个原因：第一，人们认识的不足。一直以来，人们认为公共的就是政府的，公共供给就是政府供给，公共供给是政府的权利与义务，政府供给的公共服务就是大家的，就不用再次付费。第二，公共服务的价格机制意义消失。公共产品理论提示，纯公共物品具有非排他性，对纯公共物品收费定价困难，这就使得在公共服务消费过程中的成本支付与需求和消费的关联度很低。此时就需要一个中介，也就是政府来估判需要生产多少这样的公共产品，需要每个消费者付多少费，而此刻，价格机制就失去了其本身的作用。第三，意识形态因素。受社会环境的影响，国家相关部门对公共体育服务的认知就使得他们对于公共体育服务的理解具有趋同性，他们以提供基本的社会公共服务为政绩目标。使用者付费与提高政绩目标之间是一种反比关系，因此，执政者在面对政治压力时，其行为会更加严密。第四，"搭便车"心理。公共物品一旦存在，每个社会成员不管是否对这一物品的产生作出过贡献，都会享受到这一物品带来的好处。这就使得当一群理性的人在一起想为获得这一公共物品而奋斗时，每个人都想让别人去奋斗而自己坐享其成，免费享受成为公众的普遍心理。

现实生活中，免费供给公共体育服务带来了许多弊端，弊端的出现需要我们从弊端源头进行清理，对无偿的公共体育服务供给现状进行调整。

首先，政府供给范围的不断增长使政府肩上的压力与日俱增，在公共服务供给方面，政府免费供给使其由于政府本身及服务范围的双重增长，政府已难以承受来自各方的供给压力。在面对免费的公共服务时，人们往往不去考虑在这个服务正常供给时需要的方方面面的努力与付出，这就会导致人们在使用一些公共物品时的不爱惜，从而增加公共物品的损耗，也就加大了公共服务供给时需要的人力物力财力上的支出。相反，在付费的形式下，人们会逐渐去适应这个付费形式而且会提升自身体育服务的体验感。因而，政府在免费提供一些最基础的公共服务的前提下，实行使用者付费模式在缓解政府财政压力的同时，更能促使公共体育服务有效有序进行。

其次，公共选择理论提示，从公共服务供给方来说，免费的公共服务供给会使供给者为了自己的私囊而忽视现实公众的体育需求。一方面，免费提供的公共体育服务使公众失去了话语权，公众不能根据自身切实需求来选择公共体育服务，似乎人们习惯以为免费的就不是自己的，提供者会认为免费的你就不能发声，公众自身也会选择被迫接受和将就，这会使公众不能表达自己的需求而降低公共体育服务的体验感，从而降低公共体育服务的初衷。另一方面，供给者不会以公众的需求为第一位，往往会以获取自身最大利益为第一位。引进使用者付费模式，还原消费者话语权，通过价格机制来调节服务的需求，能使公共服务资源配置效率最大化。

最后，收费可以提高政府部门的供给透明度和供给效率。一方面，收费时公众获得了选择的自由，同时可以对收取的费用和相匹配的服务进行监督，而且这种监督具有很好的效果。另一方面，在透明的基础上，政府部门与付费者进行直接接触，这样会使政府部门能近距离了解公众的需求、体察民情，以增强他们的责任心，提高服务供给效率。

公共服务领域需要市场机制。第一，根据现实情况，体育公共物品及公共服务中，纯公共产品很少，它们主要属于准公共物品，或者属于私人物品的范畴。因此，引入价格机制是服务公平的保障，引入价格机制后公共服务的具体操作可以变得清晰明了。第二，随着科技的快速发展，智能付费模式逐渐在生活中普及，微信二维码付费逐渐成为家喻户晓的支付方式。在公共体育服务领域，二维码支付可以节省人力资源的开支，又可使公众自由选择，具有很好的服务效果。

20 世纪 80 年代以前，公共体育服务中并没有对价格机制进行很好的利用，没有意识到价格机制得天独厚的优势。随着社会经济发展，价格机制的优势逐渐走进人们的心中，人们逐渐对价格机制的优势形成共识。

目前，国内外的价格机制已运用于各个公共服务项目，使用者付费逐渐被人们接受且普遍存在于生活中，唯一不同的是，每个国家在公共服务中收费比例和收费范围不尽相同。相对来说，德国在公共服务中采取的收费比例和范围较大，法国则相对较低[①]。美国收费方式分布较广，如在公共事业、垃圾收集、公园、保健服务、特殊事项的服务等都采取收费的形式[②]。

在一些发展中国家，如我国，收费大多被运用在公共交通及教育改革中。付费机制引入公共服务领域并不多见。人们没有意识到使用者付费可以提高公共服务的质量和效率，而仅仅将收费作为一种财政来源，作为一种增加收益的工具。

二、公共体育服务供给中使用者付费的适用范畴

在现实生活中，超过一半的公共服务项目是适合且需要采用使用者付费模式的。但理论与实践中，付费模式模糊，并没有对使用

---

① R. Rose, Charges as Contested Signals Journal of Social Policy 9.3. (261—280).
② 顾丽梅. 信息社会的政府治理. [M]. 天津：天津人民出版社. 2003, 134.

者付费的基本条件和范畴进行界定。在公共体育服务中则是更加如此，付费项目不清晰，公共体育服务的浪费等使得公共体育服务的质量和效率下降，有违于我们公共体育服务的初心。对公共体育服务收费范畴主要有：

1. 投入大的公共体育设施

一般来说大型体育场馆的建设及管理与维护都需要很大的人力财力物力。像这样的成本较高的公共体育设施一般属于体育事业单位，其建成与管理主要由政府的全额拨款和差额拨款，对于运行成本高的公共体育场馆，运行需要大量的资金。因而采取一定的收费方式可以保障场馆的正常运行，提高公共体育服务的质量。

2. 消费者具有的选择权

收费的形式使得公众在公共体育服务中的选择权得以实现，消费者的选择权也需要收费这种方式来完成。公众可以根据不同的收费与公共体育服务来选择增加需要的体育服务，这不仅提升了服务的质量，还使服务的获得感得到最大化满足。

3. 低消费的公共体育服务

在公共体育服务中，低消费的公共体育服务比较容易被公众接受，因而，在现实生活中比较好实现。

另外，在现实生活中，根据我国的基本国情，一方面公众有法定使用义务的公共体育服务项目，如社区中国家捐赠的全民健身路径、器材。另一方面，具有正外部性的公共体育服务项目，如义务教育阶段的公共体育教育服务等，都不能采取收费形式。

三、公共体育服务供给中应用使用者付费模式的制度安排

公共体育服务供给中的收费复杂多样，因此，本书选取公共体育场馆作为分析对象，来研究公共体育服务的付费机制。在收费前，我们需要对公共体育服务进行成本估计，然后才能对收费进行定价。这是一个牵涉很多方面的问题。在建立一个随着市场环境变化而变化的价格体系前，我们要对公共体育场馆的服务等进行定价。首先我们需要清楚体育场馆从建成到运行时需要的人力财力物力，确定公共体育场馆的成本。这样就要求我们建立一套成体系的成本评估系统。一般的定价方式有以下六种：

1. 固定成本分摊法

固定成本分摊法也即将需要的成本计算出来，通过平均定价的方式将体育场馆的成本进行回收。公共体育场馆服务成本主要有在建设前中后的建造和维护成本和使用过程中能源费和人工管理费。对大型体育场馆的管理采用固定成本分摊是一种可行度高的方式。

2. 边际成本定价法

边际成本定价法是运用规模增大而获利的一种方式。一般来说，规模越大获利越多，薄利多销就是这个原理。公共体育场馆收费前的成本定价，采用边际成本定价法可以改变销售低于总成本便无法进行交易的传统做法，定价策略较为灵活，只要价格稍高一点便可带来一定的利润，以维持体育场馆的运行。

3. 代际成本分摊法

代际顾名思义也就是几代人之间，代际成本也就是几代人之间的资源。在公共体育场馆的建设过程中会占用到很多资源，而这些资源的占用会影响到后代人的使用，这样我们在利用公共体育场馆时就产生了代际成本，我们需要对后代的资源利用负责，也就需要采用代际成本分摊法，给予后代一定的补偿，以实现公共体育服务的可持续发展。代际成本分摊法的实现具有一定的难度，这主要是因为我们无法准确估量未来可能的成本，因此也就无法使代际成本分摊法发挥到其最大的效用。但是，这套成本分摊法的存在是非常有必要的，它是完善成本评估体系不可或缺的一部分。

4. 利润最大化方法

当我们最大化地追求利润时，采用利润最大化的方法。边际效益即实体经济在追求最大利润时，多次进行扩大生产，每一次投资所产生的效益与上次效益之间的一个差。当边际成本即进行生产时产生的总的成本等于边际效益时，公共体育场馆的收费中会获得最大利润。

5. 双向定价法

双向即消费者委员会和供给者委员会两方。双向定价法即两方在对成本进行评估后，共同对公共体育场馆进行成本定价。这种定价的优势在于通过自下而上的需求表达与自上而下的决策，使得公共体育场馆的服务实现了供需平衡。

6. 二部定价法

以上分析表明，按平均成本定价和按边际成本定价都各有其优缺点。因此，另一种方法二部定价法是我们常采用的。二部定价顾名思义也就是两个部分组成，一部分是"基本费"，它是按月或年为单位计算的，与使用了多少无关，另一部分是"从量费"，它与年月无关，是指每次使用需要支付的费用。这样既保障了公民的使用又保障了公共体育服务所需要的财政支出。

公共体育场馆的成本价采用二部定价法，这既能保证门票价格等于边际成本，使公共体育场馆的资源得到最大化利用，又能使全部生产成本得到补偿，促使其达到收支平衡，保障可持续化利用。面对实际情况，公共体育场馆的二部定价法的运行方式主要是，当公共体育场馆的利用在淡季时，多增加一个进入者的边际成本为零，可以对进入者只收取一次性的单一年票（或月票），而随后则不再收费。当存在拥挤问题时，考虑拥挤成本，可以对进入者收取一定金额的年票（或月票），允许持有者在非节假日时间内免费进入公共体育场馆，但若在节假日进入，则还需另外每次加收少量费用。

案例链接：保利·麓谷体育公园

保利·麓谷体育公园位于长沙市高新区，属于麓谷科技新城核心位置。保利·麓谷体育公园分为全民生态健身区、体育运动区和休闲养生区三大区。因长期以来群众健身场地设施的严重缺乏，影响了这一地区广大居民群众健身活动的开展，保利地产与高新区管理委员会合作，开发了这座长沙最大的全民健身体育公园。麓谷体育公园是 20 世纪 50 年代国家建设王串场工人新村时留下的一块绿地，多年来超负荷运转。为解决这一问题，2001 年 3 月 6 日，由湖南省长沙市长沙高新区管委会与保利地产合作开发。公园总占地面积约 21.3 万平方米，绿地面积为 18.78 万平方米，绿地率达到 88%，是湖南首座、长沙最大的全民健身体育公园。开放之后，保利·麓谷体育公园成为麓谷园区内又一片"绿洲"。公园内锻炼、休闲、娱乐设施一应俱全，依山就势建设了高尔夫练习场、游泳池、网球场、环山跑步道、太极武术广场、儿童健身中心、全民健身综合楼等配套设施。成为麓谷市民锻炼、休闲的最佳场所。收费按每人每天 0.3 元，按月收费为 5 元。自行车每次 0.5 元，不准各种宠物入内，老人年满 60 岁免费，但要出示老年人证，在节假日免费向市民开放。

大多数健身民众对拥挤型体育公园收取一定的费用可以接受，公众满不满意在于服务的质量。因此在推广中要注意实事求是，按一定的规格收费。

四、公共体育服务供给中应用使用者付费模式的风险

使用者付费中的风险问题主要可能是供给者追求利益的最大化，提高付费价格，使得部分人被迫不能享受公共体育服务，使公共体育服务的公平性难以得到保证。供给者将付费价格抬高，使公

众的体育权利在无形中受到侵害。在收费过程中，使用者付费的目标机制可能发生错位，在公共组织授权运作实行使用者付费中，运作组织扩大赢利空间。

五、公共体育服务供给中应用使用者付费模式的风险规避

对于风险的规避，首先要做到对公共体育服务的定价合理。对不同运营成本的公共体育服务要结合当地的实际情况进行定价。对于运营成本高的公共体育服务要综合考虑多方面的因素，保证付费定价的清晰合理。倾听民声，促使付费模式能被公民接受，保障付费方法的科学性。关注特殊群体公共体育服务的享受，对其给予一定的帮助，使公共体育服务在付费模式中惠及全民。

六、小结

在公共体育服务中采用使用者付费模式，是将价格机制运用于公共体育服务中，具有极大的优势。使用者付费可以进一步保障公共体育服务的有效性，使"搭便车"行为难以形成。同时使用者付费又是一种非常好的补偿机制，能促进公共体育服务的可持续进行。但是使用者付费模式也具有一定的风险，在促使其科学性的过程中，要注意对风险的规避。

第五节　凭单制模式

一、凭单制的理论基础

凭单也称为代金券、有价证券、消费券，它是政府部门给予有资格消费某种物品或服务的个体发放的优惠券。凭单制在其他很多方面都有普及。凭单有三层含义：第一层含义是，政府对某种消费的一种鼓励，通过发放一些消费券，既实现了对公众的扶持又促进了消费。"政府通常采用有价证券的方法对低收入者提供食品、住房、医疗保障等，如对精准扶贫对象在收取社保费时，只收取半价，另外一半由政府支付[①]。"第二层含义是，凭单制是直接将补助给到需要者手中，而不是将补助给到生产者手中，这样使得这种补助能让获得补助的人拥有自主选择消费的权利，使得补助发挥其真正的扶持作用。第三层含义是，凭单不是直接的现金发放，而是一种凭借物，是一种鼓励消费的形式，提高生活质量的一种形式。这种设计的用意是："人们消费某种商品或服务的积极性不足，但

---

① ［美］奥斯本著，周敦仁译. 改革政府：企业家精神如何改革着公营部门［M］.
　　上海：上海译文出版社，1996：322.

是消费金钱的能力却是无限的。"①

在西方20世纪八九十年代的改革运动中,凭单制被广泛应用于包括食品、住房、医疗、教育、幼儿保健等范畴。凭单制首创于美国,较为典型的案例有"二战"后的救护车服务、公共交通等领域。如凭单制《退伍军人权利法案》、80年代的医疗照顾项目、住房凭单制度以及90年代的教育券改革实践②。在我国,凭单制被广泛应用于教育领域、医疗卫生等领域,其中以教育领域较为具有代表性。浙江长兴县和瑞安市的教育券改革、杭州市的教师教育券、湖北监利县的"教育变法"等都对凭单制在我国教育领域中的应用进行了有益探索③。浙江省长兴县教育券改革首开我国教育券改革的先河。目前,长兴县发放的教育凭单有:民办学校义务阶段的教育凭单、职业高中教育凭单、义务教育阶段扶贫辍学的教育凭单、对薄弱高中和民办高中扶持的教育凭单等四种类型④。

凭单制原属于私人市场的一种促进消费的理念,现在被广泛运用于公共体育服务中,其本质是利用凭单来引入市场机制的一种方式,是公共体育服务市场化的一种形式。与支付单纯的供给与补助相比,凭单制具有独特的优势。它改变了公共体育服务的供给与消费模式。凭单制是对社会困难群体的一种扶持,通过凭单制能促进

---

① 李红霞. 理解凭单制:渊源、机制、模式及运用 [J]. 福建行政学院、福建经济管理干部学院学报, 2005, (1): 18.

② 毛寿龙. 西方政府的治道变革 [M]. 北京:中国人民大学出版社, 1998.

③ 刘婷. 从美国的凭单制度看金融危机背景下的"消费券"热潮 [J]. 财会研究, 2009, (6): 78.

④ 教育券:能否助推教育投入改革 [N]. 人民日报, 2003—01—07.

公众的公平消费权。同时，在引入凭单制后，人们的消费可能性增强，消费市场增加，因此供给者会为了获得更多利润而通过服务质量来吸引更多的凭单消费者。凭单消费既帮助了消费者又不损害供给者的利益，是一种很好的促进公共体育服务适度市场化的模式。

二、凭单制的运行机理

在非凭单模式下，公众的公共体育服务的消费是一种无选择的被动消费，这种消费是由于服务提供来源于政府或者其他委托机构。这种模式中，消费者的消费变得无足轻重，供给者的趋利性更看重的是政策制定者对公共体育服务消费的游说。而采用凭单制后，消费者具有自主选择权，此时供给者的趋利性会倾向于满足消费者的嗜好而进行服务，此时公众的需求会逐渐得到供给者的重视，公共体育服务的质量也会得到提高。凭单制一方面激发消费者的消费欲望，另一方面激发供给者的服务欲望。此外，是对公共服务决策的控制。凭单制使消费者掌握了决策权，在公共体育服务适度市场化过程中，凭单制很好地促进了公共体育服务的市场化，公共体育服务的供给者不得不靠提高公众的满意度来获得公众手中的凭单以获利。这种由消费者引发的供给者之间的竞争，提高了公共体育服务的供给质量和效率。

三、凭单制的运行模式

凭单制的运行是一个由出资者、供给者、消费者组成的完整的循环系统，在这个系统中，不同主体间的相互作用使得这个循环系统得以正常运行。其在运行过程中，根据各主体间的作用分为出资者与消费者之间的关系，具体地体现在凭单的发放；供给者与出资者之间的关系，具体为凭单的使用；供给者与消费者之间的关系，具体为凭单的兑换。凭单制的运行模式概括为凭单的发放、凭单的使用、凭单的兑换。

四、凭单制的运行与案例分析

凭单制的运行是具有一定条件的，只有满足条件的才能使用凭单制。按照 S. S. 萨瓦斯的理论，同时具有公共性和排他性的服务才适用于凭单制，公共体育服务，既表现出排他性，又有公共性，因而可以适用于凭单制。

公共体育服务借用凭单制的优势在于将公共体育服务对象置于主体地位，这样，公共体育服务的初心才更能得以实现。在这个过程中由原来的"政府——公共体育服务供给者"的资源配置模式转换为"政府——公共体育服务对象——公共体育服务供给者"的模式。我们将自主地选择公共体育服务内容而不是被动地接受。在凭单制实践中，苏南地区采取了两种不同的方案：其一是发放体育健身消费券，其二则是创新性开展医保"阳光健身卡工程"。两种方案体现了凭单制设计的两种不同思路。

1. 发放体育消费券。体育健身券的发放需要遵循凭单制的运行原理，也即包括体育健身券的发放、体育健身券的使用、体育健身券的兑换过程。发放的体育健身券主要目的是促进公众积极参与到体育锻炼中。体育健身券发放后，需要对体育消费券方案推行、体育消费券项目监控评估。

依据江苏省《关于加快发展体育产业促进体育消费的实施意见》的要求，为完善健身消费政策，支持群众健身消费，江苏省将在全省范围试行面向特定人群或在特定时间发放体育消费券，鼓励群众增加健身消费。体育健身券的发放在我国其他地区早已有之。北京市石景山区从 2012 年起实施发放健身消费券的计划，健身券可在区政府或体育局指定的健身场所使用。发放对象为中低收入人群，即平日没有时间或除本职工作外没有健身消费能力（无钱或无闲）的群众，包括了区内的外来人口。健身券采用定期发放的形式，在群众进行完一次健身后隔期再发放。健身券要专券专用，不能用于其他消费①。

2015 年苏州市体育局发起了一项"体育惠民"工程，目的是促进苏州市居民的健身意识。这项工程的具体操作是，给苏州市居

---

① 石景山区明年发放两百万健身券为百姓健身买单［EB/OL］. http：//www. fjsen. com/p/2011—10/18/content 6421815. htm.

民免费发放体育健身券。体育健身券可在苏州市体育中心和苏州市民健身中心去使用。健身券价值共计 20 万元,各种健身券共计 6000 张。包括可参与的项目有 5 项,分别是游泳、羽毛球、篮球、足球和乒乓球等。为保证资源的公平使用,每人每次可领取一张,不可代领。① 这些健身券的发放受到了很多市民的支持与好评,对公众的体育热情的增长起到了很大作用,同时提高了苏州市居民的生活获得感。

2. 实行医保"阳光健身卡工程"。自苏州市实行医保"阳光健身卡工程"以来,医保健身卡逐渐在各地施行,取得了很好的效果。其具体实施为医保卡个人账户状态正常且结余金额超过 3000 元的均可办理阳光健身卡。个人账户往年结余金额在 3000 元(含)以上、6000 元以下的,可选择将 500 元或 1000 元的个人账户资金一次性转入阳光健身卡健身专用账户;医保个人账户往年结余金额在 6000 元(含)以上的,可选择将 500 元、1000 元、1500 元或 2000 元的个人账户资金一次性转入阳光健身卡健身专用账户。

凭单制的优势在于它使自主选择权利回到了公众身上,使政府权利支配降低,这样虽使设租和寻租现象无处可存,但同时它也存在很多风险。使用凭单的过程中可能存在消费者消费不足,从而使得供给者获得其中的空当余利。即凭单都是赋予了一定价值的消费券,凭单的价格已经固定,但是不同的消费者有不同的需求,有些

---

① 资料来源于苏州体育局。

消费者需求较小而使用同样的凭单会造成一定程度的凭单浪费。另外如利益集团的抵制因素使凭单制的运行存在许多困难，已实施30年的教育券凭单制的发展已证明凭单制的发展不是一帆风顺的，体育健身券的实施虽取得了一定的效果，但与预期效果有很大差距。凭单制在公共体育服务中的运行还需要进一步创造条件。但是不可否认的是苏南地区率先实行医保"阳光健身卡工程"是凭单制的创新之举，其后的完善需要我们更多地结合实际来探索。

体育凭单制作为一种公共体育服务的创新形式，它通过使公共体育服务的生产与供给的分离，减少了其中可能存在的不公平现象，同时提升公共体育服务的质量和效率，提升公众公共体育需求的满意度。凭单制借助其优势，使供给者关注消费者需求，因而消费者处于主动地位，不仅满足了其选择的权利，而且提高了其公共体育服务的获得感，这对于公众的体育意识、体育热情的提高是有极大促进作用的。

第六节　合同外包模式

一、合同承包模式

合同，也称契约（contract），来源于罗马法的合同（contractus）概念。在罗马法中，contractus 由 con 和 tractus 二字组成，有"共相交易"的意思。《牛津法律大辞典》对合同的定义是：二人或多人之间为在相互间设定合同义务而达成的具有法律强制力的协议①。我国《民法通则》第八十五条规定："合同是一种协议，是双方当事人之间设立、变更、终止民事关系的一份依据。"

合同承包制在公共服务方面逐渐成熟，已成为公共服务在市场化改革中的主要情形之一。英国是公共服务合同承包的先行者，1968 年的《西蒙报告》建议政府部门与服务部门通过合同方式购买服务，然后提供公共服务。在法律保障方面，英国首先在 1970 年的《地方政府公共服务法案》中规定了设立公共服务部门。在实践中，英国不断探索公共服务合同外包的最佳广度和深度，根据实际情况摸索着最佳方案，同时不断调整着公共服务合同外包政策。英国公共体育服务从最初的强制性竞标到追求公共服务效益的"最佳价值"，使英国公共体育服务的合同承包制取得了长足的进步，也更符合人们的需要。但是强制竞争投标是英国公共服务合同外包的一个重要方式，从 1988 年到 1989 年再到 1994 年，在这几年里政府规定的强制竞争投标由垃圾收集、建筑等到体育及娱乐服务管理再进一步扩大到道路停车、住宅管理等方面②。

在我国，公共服务合同外包出现得相对晚一点，它以 1998 年

---

① 管斌. 市场化政府经济行为及其法律规制 [D]. 湖南大学，2007：155.
② 姚军. 英国公共服务合同外包：历史背景及政策发展 [J]. 科技管理研究，2014，(14)：192—197.

政府将养老服务外包给罗山市民会馆为起点，此后我国改革服务的合同外包快速发展，逐渐成为提高公共服务质量的一个重要手段①。

二、公共体育服务合同承包的特征

公共体育服务合同承包过程是一个完整的系统，这个系统中的主体分别是政府、社会组织、公民，他们分别担任着不同的角色。在公共体育服务适度市场化过程中政府担任供给者的角色、社会组织担任生产者的角色、公民担任消费者的角色。公共体育服务的合同承包属于一种行政合同行为，其在合同签订、履行、变更及救济的过程中都体现出以下特征。

公益性的目标。公共体育服务合同外包中，虽然合同的双方当事人分别是政府和社会组织，他们分别担任公共体育服务供给和生产的职责，其任务的不同也是其目的不同的原因。政府的目的是满足公众的公共体育服务需求，是一种公共利益，而社会组织是追求自身利益，但是他们各个利益目的的满足都必须以公共体育服务的消费者为目标，只有消费者在获得满意的公共体育服务时，双方的利益目的才有可能得到满足。因此，双方都必须以消费者的需求为标准来提供公共体育服务，双方的目标都具有公益性的特征。

----

① 冯伟．国家"苏南现代化示范区"公共体育服务有效供给模式及效率研究[D]．苏州大学，2016.

合同双方意见一致。公共体育服务合同承包的双方当事人在签订合同前，须认真理解合同内容，当双方在协商后达到一致意见时方可签订合同，合同签订时必须双方当事人在场，确定没有异议后签订的合同方为有效合同，受法律保护。

合同双方权利与义务的不一致性。不同的主体具有不同的任务和职责，因而在合同外包的过程中双方具有不同的权利与义务。在公共体育服务合同承包的过程中，政府属于行政主体，政府的公共利益为目标使其具有一定的优益权。在保护公共利益的前提下，法律允许行政主体单方面变更或解除合同。

三、公共体育服务合同承包模式

公共体育服务的合同承包模式就如我们农村土地承包模式一样，我们承包的土地只能用于种植，而不能用于其他，同样社会组织承包的公共体育场馆等只能用于公共体育服务而不是其他。我们作为承包者只有其使用权而所有权仍然属于政府。在承包过程中，政府仍要承担公共体育服务的责任，社会组织在承包过程中以提供公众满意的服务为目标来获取更多的利益。公共服务的市场化中合同承包是影响最大、应用最多的一种模式，在公共体育服务市场化过程中的合同承包同样也是非常好的一种选择。这种合同承包包含了合同出租和委托承包两种形式。在这种模式的作用下，公共体育资源在社会组织的趋利性作用下会得到很好的宣传，形成最好的资源优化配置。同样在社会组织的趋利性的正外部性的作用下，人们会更加意识到体育的重要性。无形中形成一种宣传，使得体育逐渐走进人们的生活，成为不可或缺的一部分。以此来形成一个良性的循环，即公共体育需求增加而使社会组织获利增加，为获得更多利益，社会组织服务更好使得公众体育热情更高，政府也达到了公益性目标。

通常公共体育服务合同外包具有以下几个特点：其一，公共体育服务的提供者和公共体育购买消费者两者分离，与传统公共体育服务中政府既是购买者又是消费者存在区别；其二，签订合同契约是公共体育服务市场化外包的实施基础，契约双方必须按照合同内容履行各自的权利和义务；其三，在公共体育服务合同外包中，政府首先是公共体育服务的购买者，然后才是公共体育服务的提供者，政府必须向公共体育服务承包者支付购买服务的费用；其四，公共体育服务合同外包中政府依然是服务的安排者，私营部门是服务的生产者，政府是服务支付成本的主体。

四、公共体育服务合同承包制度存在的问题分析

合同承包是公共体育服务适度市场化的良好方式之一，但是它也不是万能的。作为市场化的方式之一，我们应根据情况合理利用，规避问题，提高效率。首先我们要明确，任何事物都有两面性，公共体育服务的合同承包制度也一样。它也存在一些我们需要

尽量完善的问题。如外包之前对承包商的确定，如何寻找到合适的承包商是关键问题。另外，对可承包内容的确定。在公共体育服务中并不是所有内容都适合采用合同承包的模式。合同承包需要在合同中清楚表达出其条条款款，需要可以量化的公共体育服务内容，因此，对于功能复杂的公共体育服务就不太适合采用这种方式。

公共体育服务在合同承包过程中主要存在的问题有：

第一，政府自身定位不精确。公共体育服务外包过程中涉及了三个主体，三个主体有各自的权利和义务。这样在外包这个过程中会涉及一系列的人和事。政府在制定外包合同时，除了要明确社会组织及消费者的权利与义务外，更需要对自身精确定位，使外包的标准清晰，自身职责明确。政府将公共体育服务外包的过程也就是政府减轻自身重担、简政放权的一个方式，是转自身生产职责为供给监督的职责。政府在公共体育服务外包过程中明确自身需承担什么样的职责，怎样承担这份职责，何时承担责任，并做出详细具体的规定，是其将自身准确定位要做的。

第二，社会组织的形同虚设。公共体育服务的外包行为的主要参与者是政府和社会组织。但是这其中的空洞性表现在我们不能对社会组织进行严密的把握，使得社会组织的存在形同虚设，社会组织仅仅只是一个空壳。产生这样的原因主要有两种：一是政府与社会组织是一个个体。承包过程中的社会组织是政府为了该承包项目而专门设立的不具有独立性的虚假组织，它仅仅是政府将公共体育服务外包的一个虚假形式，政府在承包后具有绝对的控制权，使得外包形式只是一种假象的存在。二是在承包过程中，社会组织与政府虽然是独立存在的关系，但是社会组织与政府间的权利关系，使得社会组织失去独立自主的权利，对政府俯首称臣，失去自身应有的权利，变成被动接受。或者是政府与社会组织为了某些利益而形成合谋寻租的关系，使得社会组织形同虚设，其独立性不复存在。

第三，外包质量评估难。在实际生活中，当公共体育服务外包给社会组织后，对合同履行效果难以进行有效的量化评估和监督。这主要有两方面的原因。一是合同签订后，社会组织在公共服务过程中具有的自由性，使服务质量难以把握。由于缺乏评估系统，同时消费者对于服务后的效果不能正确认识，对于服务后应有的效果的不知及服务过程中对服务者的如何选择不知，使得外包质量评估难。二是外包后，社会组织在公共体育服务过程中，具有主导性，由于我国的公共体育现状，人们对社会组织的服务质量存在的质疑不能及时有效地得到解决。加之复杂的利益链条关系，消费者权益难以得到保障，是否得到保障也无从所知。因此，要解决公共体育服务合同外包存在的问题，必须建构一套以行业发展现状为基础的具备可操作性的评估规制体系，使公共体育服务外包发挥其优势，使人们可以获得公共体育服务应有的服务效果。

五、公共体育服务合同承包制度的案例

湖南师范大学附属中学与惟一体育俱乐部通过签订合同的方

式，将湖南师范大学附属中学的体育馆外包给惟一体育俱乐部。在实行合同承包时，学校只是将体育场地设施的经营权承包给惟一体育俱乐部，仍保留体育场地设施的所有权，而且师大附中具有监管的权利。在合同承包范畴下，惟一体育俱乐部不能将所租用的场地设施用于自己的其他业务。在承包期间，惟一体育俱乐部不能影响学校的正常上课，只能在空闲时间经营，以羽毛球、乒乓球、篮球为主；合同期满经营权归属学校。

服务外包在实施过程中，政府与社会组织签订好外包合同就可施行，其中不需要经营权的转换，可操作性强。而且服务外包本身这种形式可以提高资源配置效率，优化服务。因此，在公共体育服务的很多方面都已实施合同承包制。在公共体育服务适度市场化改革中，合同承包是一种重要的方式。

第七节　股权合作模式

一、股权合作模式的理论

运用股权方式进行的合作方式叫作股权合作，以投资的方式获得一定的股权。其最终目的是获得经济利益，利益来源于分得的股份或者直接的利润及其他形式。同样股权合作在获利的同时也需要与被投资单位或者被投资项目一起承担一定的风险，当被投资单位或者被投资项目经济不景气，经营状况不佳，甚至破产时，投资者作为其中成员之一，也需要承担相应可能的投资损失。股权投资是一种高风险、投资周期长，同时获利大的方式。股权投资的利润来源方式多元，一是企业的分红是最直接的方式，二是投资对象上市后可以享受企业上市后的配股、送股等一系列措施。

股权合作类型与合作程度有关，一般根据合作程度不同可以分为四种类型：

1. 绝对控制，是指其投资股权比例大，不仅能在该企业或项目中获得最大利润，而且能对该企业或项目的财务和经营政策进行控制。

2. 共同控制，一般指持有股份占该企业或项目股份的一半，按照签订的股份合同，与其他持股者对企业或项目的经营活动共同控制。

3. 重大影响，是指股权合作程度较低，股权持有者具有企业经营的参与权，但是没有决策的决定权。

4. 无控制，是指股权合作程度较低，对于企业的经营没有控制权也没有重大影响。

在本书研究中的股权合作，合作程度属于共同控制的类型，是以上述 2 的情形，即政府（项目业主）与企业（投资人）通过合同约定，对作为公共体育服务的建设项目公司持有相同的股份，共同出资，共同参与对项目的建设管理、运营管理的模式。

二、公共体育服务基础设施股权合作模式

本书重点研究的股权合作模式作为一种建设项目的融资结构，一种新型的政府（业主）和施工（建设）方之间合作开展的股权合作建设项目。

在股权合作模式中，建设项目仍然是由当地政府职能部门审批。在股权合作方式中，建设项目依旧由地方政府职能部门进行项目报批立项，后由政府授权或委托地方城投公司或地方交通主管部门作为开展项目，进行前期勘察设计、环境影响评价、水文保护、建设用地规划许可等流程，待项目具备招标条件后，组织进行项目招投标工作。股权合作模式采用资本金占比的方式，在项目招投标设计中，采用"资本金出资＋施工总承包"的形式，约定项目业主与潜在投标人对项目公司注册资本的出资比例，对潜在投标人的财务能力、施工能力提出符合项目实际情况的强制性要求，即潜在投标人作为项目公司的出资方，与政府业主共同成立项目公司，并承担相应的管理职责。投标人承诺以其所认缴的出资额为限对项目公司承担责任。下面是股权合作项目建设的体系构成：

1. 项目建设合同

是起拍者与竞标方通过签订合同来竞标、达成的合作体系，以此来明确各自应履行的义务和应尽的责任，确保合作能够顺利进行。合作的方式有：股东协议、项目合同协议、履约合同（产品购

买权和运营权、工程外包及承包合同、运营服务合同等)、保险类合同等。在这些合作的方式当中，项目合同是整个合同体系汇总最基础也是最为核心的。

项目合同目的是为了合理分配政府和社会资本之间的项目风险，明确双方的权利和义务之间的关系，并确保双方可以合理地要求按合同约定的权利，正确履行自己的义务，并保证顺利实施整个生命周期的项目。

项目合同通常由以下两方签署：

A：政府方

政府方是发起者，也叫作合同当事人，是项目合同中的签约主体。在我国，政府并不是主导者，政府起到的主要角色就是对所在地区的相关合格机构进行评定，合格之后授权该机构可以以政府的名义签署相关合同。例如，某地区的楼盘项目的项目合同，由该省的土地局签署。

B：项目公司

项目公司是实施者，很多是社会资本企业或者为了实施该合作项目专门成立的负责公司，独立自主运营。根据股东的国籍不同，项目公司可以分为：内资企业、外商投资企业。

2. 项目建设融资

该项目公司由政府和中标人共同出资，然后运行该项目，并以该公司的名义安排融资，直接反映了项目公司的主要位置，项目建设、融资和运营。项目公司是项目融资的直接目标。在项目的各自份额的基础上，项目的资产和未来的预期收益用于项目融资。该项目的投资者应根据项目资本所承担的比例承担项目融资义务的相应比例，并协助项目公司完成信贷项目融资工作。

3. 工程建设

在项目建设阶段，主要包括两个方面：项目设计和施工。在项目设计阶段，可行性研究报告一般由政府完成；初步设计和施工图设计可由项目公司或政府完成。项目建设和施工任务由项目公司自行或分包招标确定项目分包商。项目公司承担项目管理的责任。通常，项目公司负责按照合同规定的要求和时间完成项目的建设和启动。由于项目施工被分包给施工单位或承包商以供项目公司实施，因此不对此责任予以豁免或解除。除了项目公司股东承担施工管理的义务外，政府还承担项目建设的监督责任。

4. 项目运营与股权退出

在没有特定指派的情况下，项目公司负责该项目的主要运营。但是如果是涉及公共类项目，比如公共服务类、公共设施类等的建设项目，则必须需要和政府共同协商进行，他们的主要职能分工是：政府提供资源设施的配置和部分设施及服务；项目公司主要进行接下来的配套及对接；细节上的项目类型划分以及项目的运营权利、分工等，需要根据各自的控制能力及运营能力进行具体分析；原则上是以效率更高、执行能力更强的进行承担。如果运营发生困难导致无法继续履行合同的，可以通过转让所持有的股份进行。保障股份的自由转让，是为了更加活化社会资本的使用价值，有利于资本的融资和使用。所以，政府需要保障自由转让股权不受限制。

5. 项目担保

为了更好地实现物有所值的原则，项目公司是否需要提供绩效保证，具体项目的担保形式和担保金额需要具体分析和评价。一般原则是选择的担保方法足以保证项目公司按合同履行，政府可以在违约情况下提供充分的救济。如果项目公司的信用等级和项目本身的机制足以确保项目公司不提供履约保证金，它也可以根据合同履行合同，如果项目公司有足够的补救措施，如果是默认情况，项目公司可能不需要提供履约担保。相反，如果项目公司的信用和项目机制不足以确保项目公司按合同履行，且项目公司违约，政府缺乏充分有效的补救措施，项目公司需要提供适当的履约保证。

公共体育服务采用股权合作模式具有以下优点：缓解项目建设融资的紧张程度、择优招标、加快速度建设、优化人力资源、风险分担。但同时对于投资人的资金规模和建设能力有较高的综合要求，排他性较强。

三、股权合作建设的实施步骤

鉴于股权合作模式的特点，在项目实施过程中，应重点统筹考虑投融资环节的全面准备。一般情况下，交通设施建设的实施过程如下：

1. 项目立项

被列入政府的社会和经济发展规划的重大建设项目。如交通建设项目，该项目在实施决策的评价和政府部门的批准后，交通建设项目可以列入项目的实施机构规划中。该项目的主体是政府部门，政府直属的专业企业。

2. 项目招标

对政府而言，招标是实现选择承包该项目建设者的最佳方式。在中国，招投标，一般由政府指定的机构进行。它主要包括以下几个方面：

（1）招标前的准备：确定整个招标的具体流程、拟定项目有关的技术方案、拟定招标细则文件、拟定需要的工程组、起草初步合同文件、衡定投标人的初步标准。

（2）如潜在投标人数量较多，可以先进行资格预审工作，通过对投标人业绩、人员、财务能力等多方面的综合比较，选择具有更高的综合得分的企业，通过资格预审，然后进入工程招投标阶段。

（3）招标代理机构通过媒体，如纸媒体和网络公开发布工程招标的信息，并设置约一个月的招标时段（一般施工总承包项目招标周期为 30 天左右，而该项目的投资者竞标一般 60 天左右），在此过程中，投标人提交投标保证金（或保函），熟悉招标文件和图纸，勘查现场，准备施工技术方案，并提交竞价投标截止时间之前的文件。招标代理人应当在投标期间回答在任何时间由投标人提出的问题。

（4）投标期限届满日期后，该机构组织专家评估出价和报告评标结果给招标人。招标人最终确定中标者和候选中标人。

3. 签署合同

项目竞标评估结束后，政府与中标者对项目的具体实施进行谈判并同时对合同的各个方面进行谈判。如果谈判成功，政府与中标者双方共同组建项目公司，签订投资和融资协议等总承包协议，明确双方在谈判中达成的意向，明晰各方的权利和义务。如果政府没有与第一中标人达成协议，将与候选中标人谈判。股权合作方式的关键在于签订合同时，以固定项目时间或中标人可以达到约定的项目收入为准，一方面，确定双方的股权收益和中标人的中标任务，另一方面，明确股权退出机制。可以认为，以固定项目时间或中标人可以达到约定的项目收入为准。

4. 项目的建设

主要内容：负责建设方案的确定、选择建筑队伍、选择设备、进行人员培训、进入现场正式工作。在此期间，必须无条件地承担保修以及缺陷责任，必须接受公司委派人员或单位的监督。

5. 项目的经营

主要是指：项目建设完成、检验交付、开始经营的收费阶段，也是投资商们回收利益、清算贷款、分摊股权收益、上缴税款的重要阶段。经营方式可以由公司直接进行，也可以委托第三方进行。

6. 项目的转让（股权退出）

当股权合作项目的转让发生时，中标人将根据合同文件的规

定，项目公司收回它的股权，从而使政府对项目公司控制达到
100%。如果在签订合同时，以约定的收益形式来确定股权转让时
间，那么当项目在净资产收益率的时间早于预期实现的，转让的日
期可以提前；如果预期股权收益没有实现，转让的日期被推迟，或
由责任方承担项目的债务，并支付适当的补偿。

股权合作模式是按照既有的标准将公共服务资产进行证券化，
是政府通过将公共服务企业资产证券化，然后进行出售以完成融
资。应以国家承认的模式进行。公共服务市场化股权合作模式主要
包括：政府控股、政府参股的方式以及"金边股"的公司股份制进
行。例如，如果中国体育产业是一家上市公司，国家将以持股的形
式实施融资，以实现公共体育服务的市场化。不过在公共体育服务
股权合作中，我们也要注意对控股股东的适度限制，比如卖出的时
间限制，卖出的股本股数及价格的限制；合作中要兼顾上市公司中
内部职工的股数及卖出价格。

第八节　政府采购模式

一、政府采购模式的概念与内涵

（1）政府采购模式的概念。政府采购是现代市场经济发展的产

物，是指各级政府为了开展日常政务活动或为公众提供服务，在财政的监督下，以法定的方式、方法和程序，通过公开招标、公平竞争，由财政部门以直接向供应商付款的方式，从国内、外市场上为政府部门或所属团体购买货物、工程和劳务的行为①。政府购买公共体育服务则是由政府出资，在财政部门的监督下，以法定的方式购买企业、事业以及其他社会组织提供的公共体育服务，由政府财政部门直接向供应商付费的行为。

（2）政府采购模式的内涵。通过对国内外政府采购理论研究成果的分析，认为政府采购行为是指采购当事人，即采购人、供应商和采购代理机构等，根据公共管理服务职能和社会公共利益的需要，在相应权利与义务条件下，本着非营利性和经济性特点，依法签订、履行采购合同的过程。其行为基本特征是：采购资金来源的公共性、采购主体的特定性、采购对象的广泛性、采购活动的非商业性、采购行为的政策性、采购程序的法定性、采购过程的透明性和采购效果的高效性②。政府采购应当遵循经济有效原则、公开透明原则、公平竞争原则和诚实信用原则。公开招标应作为政府采购的主要采购方式。我国从 1996 年开始进行政府采购理论研究及实践探索，历时 7 年的努力，于 2002 年颁布了《中华人民共和国政府采购法》，成为我国政府提供国家社会公共服务产品的基本法律

---

① 曹富国. 国外政府采购理论研究［J］. 国外社会科学，1998（3）. 22—26.

② 刘源，孙博，管泽锋. 国内外关于政府采购基本理论研究的文献述评［J］. 中国政府采购，2009（3）：70—73.

依据。各级政府依此来发挥对国家公共资源的配置、宏观调控国民经济、稳定和发展社会经济、推行国家公共政策、支持自主创新、保护民族产业、促进环境保护和维护国家安全稳定等一系列国家公共管理职能①。

二、建立公共体育服务政府采购模式的理论基础

（一）公共服务理论

公共服务也就是帮助公民表达和实现他们的共同需求。我们要建设服务型国家，政府是提供服务的主要部门，即公共服务是政府的主要职能。公共服务是以政府等公共部门为主提供的，满足社会公共需求，供全体公民共同消费与平等享用的公共产品和服务。一个国家的经济发达程度以及综合国力，很大程度体现在该国社会公共服务的质量上。公共体育服务是公共服务的内容之一，公共体育服务内容包含公共体育服务及其产品的供给，是政府公共服务所涵盖的一项重要内容。公共体育服务及其产品的供给，是每个社会成员对参与健身锻炼，提高自身健康水平的民生权利的享有，以及随着社会经济发展和进步，带来的社会公共体育服务质量的不断提升，进而促使社会公众的生存健康发展权得以实现，也是公民生活

---

① 陈振明. 公共服务导论［M］. 北京：北京大学出版社，2011.

需求逐渐得到满足的体现。因此，公共体育服务水平的高低，直接影响到国家公共资源配置是否合理、社会公众对政府执政能力的满意度等重要问题①。

（二）市场失灵理论

市场失灵是指市场机制（即价格调整市场的机制）出现的弊端，即它不能对资源进行有效的配置，对公共资源的配置不能使社会效益最大化。垄断、外部影响、公共物品和信息的不对称等都是导致市场失灵出现的原因②。信息不对称是市场失灵的主要原因。信息的不对称主要是由于我国政府在公共体育服务的供给方面缺乏对市场的横向了解，总是采用自上而下的管理模式，使得获取的信息与实际需求的信息不一致，使得供给成为无效供给而导致市场失灵。各个部分应该合作，在公共体育服务供给上也是。政府在自身职能的认识上不足，我们所提倡的合作共赢，在公共体育服务供给上也同样适用。国家作为一个整体，是由各个部分组成的，各个部分分工合作才能达到供给的最有序。然而在过去的公共体育服务供给中，政府承担着生产者、供给者和管理者三种角色，形成服务的垄断，与市场经济发展规则相违，而最终导致市场失灵。公共体育服务供给的适度市场化是打破公共体育服务供给的单一化和统一化

① 张恩利. 我国体育公共服务与体育公共政策研究述评［J］. 河北体育学院学报，2012（1）：8—11.
② 邓先娥. 经济学基础［M］. 北京：人民邮电出版社，2013.

的重要手段，也是促进公共体育服务可持续化发展的选择。

（三）政府采购理论

在政府采购理论的指导下，我们对建立新型公共体育服务供给模式有了更加清晰的思路和坚实的理论支撑。政府采购理论对于其实施的过程和具体事项做了解释。对于服务的当事人如何确定做了注释，解释了公共体育服务公共体育产品的属性，明晰了公共体育服务需求表达参与和目标立项机制的建立，对公共体育产品的供给流程及方法做了详细阐述，同时对其成本控制与绩效考核与质量监督做了清晰的界定。因此在这样明确而具体的理论的指导下，建立一套科学的公共体育服务适度市场化供给机制是可靠的。

三、公共体育服务供给中政府采购的适用范畴

随着我国公共事业的不断发展，公共采购制度也逐渐完善，我国政府采购的范围也在不断扩大，公共体育服务政府采购也已成为各级政府的重要任务。在我国公共体育服务中，政府采购涉及的方面很多：如全民健身小篮板、全民健身路径等的采购，为了满足奥运（全运）争光需求，对训练用品的采购等。杭州市人民政府就把政府采购的目标指向了大文化的范畴，其中一项就是针对"公益性

特征明显、具有普及推广价值的体育健身"①。

政府采购相关公共体育服务对于满足公众的体育需求具有十分重要的意义。

第一，节约政府供给成本。政府采购必然会使供应商之间形成竞争的状态，因此，各公共体育服务供应商会对供给价格进行压缩以获得供应权。这将有效地降低政府公共财政开支。

第二，提高政府供给效率。公共体育服务供应商为了自身利益的持续化与最大化，会采取各种手段达到政府的要求，使得政府在公共体育服务中的供给效率提高。

第三，实现政府透明行政的要求。伴随着公众观念的不断更新，公众要求政府实现透明管理。政府的采购制度，增加了公众对政府的供给行为的监管，并在一定程度上已经实现了政府的透明管理的目标。

第四，部分公共体育服务具有很强的社会公益性。具有社会公益性的公共体育服务对公众公共体育需求的满足具有重要的意义与作用。由于边际成本为零的特征，政府提供此类公共体育服务，可以反映政府的支持和重视公众的权利。

第五，政府采购使政府从"生产—供给"向"采购—供给"转变。公共体育服务的市场化就是要求政府能简政放权，政府采购在公共体育服务市场化转变中，使政府由生产职能转向供给职能，

---

① 《杭州市政府采购公益文化产品和服务试行办法》，2005.3.21.

给社会组织空间来激发市场活力。政府在采购过程中其职能的转变使得其正外部性效应得到释放。

四、公共体育服务供给中应用政府采购模式的制度安排

1. 公共体育服务供给中应用政府采购方式的主要形式

公共体育服务供给中公开招标和邀请招标是政府采购招标方式主要形式。公开招标，即公开面向所有单位，招标人通过在指定的报刊、电子网络或其他媒体上公开发布招标公告，吸引众多的企业单位参加投标竞争，招标人从中择优选择中标单位的招标方式。邀请招标，也称选择性招标，由招标人根据供应商、承包资信和业绩，选择一定数目的法人或其他组织（一般不能少于 3 家），向其发出投标邀请书，邀请他们参加投标竞争。

2. 公共体育服务供给中政府采购方式的文本

招标公告和中标公告是政府在公共体育服务采购过程中的两种重要方式。招标公告的形式具体包含八个方面，分别是招标项目与编号、招标具体内容、合格的投标人的说明、合格的投标产品的说明、购买标书的要求、投标文件的递交时间与地点要求、开标时间、公告发布时间。在招标公告中的具体招标内容要求清晰简练，重点突出。

五、公共体育服务供给中应用政府采购模式的风险

公共体育服务供给中应用政府采购风险是指政府采购的预期目标与实际结果出现偏差的可能性。政府采购风险从大类可以划分为系统风险和个别风险两类。

系统风险是指诸如政治变革、体制改革、政策的变化，并因国民经济急剧变化的因素带来的风险。这是不可控的，难以预防和控制；个别风险是由不确定的因素造成的。它是由于集中采购机构的运行、管理等方面的原因给政府采购机构带来损失的可能性，个别风险可以通过采取一定的有效措施来避免[①]。实践中政府采购风险可以归纳为管理风险、决策风险、市场风险、道德素质风险、信息风险、监管风险等几大类型。

管理风险通常是由于政府不符合法律法规要求的采购行为所导致，主要表现在采购信息未公开、采购政策不合理、采购程序不规范、评标过程不公平、合同管理不严格等方面。

决策风险来源于管理机构和主要管理者的决策水平，通常是由管理层的决策失误导致的。结合实际情况，绝对地避免决策失误是不现实的，只有提高决策者的素质来将决策风险控制到最低程度。道德素质风险主要是针对政府、采购相关的人的道德及素质而言。

---

① 潘玉欧. 控制和防范政府采购风险的思考［J］. 财会研究，2006.9.9—10.

政府采购的信息风险，主要表现在信息的虚假陈述、内幕交易、信息误导、信息不公开或信息在机构内部之间产生、接收、处理、储存、转移等环节出现差错。

政府采购的监管风险是由于监督机制不健全、监管手段不具体、监管失灵等导致的风险。

六、公共体育服务供给中应用政府采购模式的风险规避

继续完善政府采购法律体系。尽管体育总局作为公共体育服务采购的管理机构，制定了相关的法规制度，但是这不能有效规避我国公共体育服务供给中的风险。当前为了更好地利用政府采购，必须继续完善政府采购的法律体系，使法律成为政府采购的标准和依托，规避风险。

构建有效的监督机制。完善监督机制是防范政府采购风险的有效途径，是建立公开、公平、公正的政府采购制度的重要保证。

建立科学的招投标制度。当前政府采购中对于品牌质量的要求是非常高的，但是在采购中出现了很多不和谐的音符，如广州亚运会组委会在招标中，拒绝国内企业的投标要求，国内企业甚至连投标书都买不到。某民营企业的产品成为"鸟巢"的指定产品，无偿送给广州亚运会组委会都不能实现。

加大政府采购行为的过程控制力度。政府采购制度在我国起步较晚，目前还处于初级阶段，采购制度尚不成熟，有的采购产品质

量较差等。采购中出于追求政府采购的节约资金效果、地方保护主义及价格、信息、招标、资格方面的垄断等，这些行为都给政府采购带来了不良影响。因此加强对政府采购行为的过程控制是规避风险的重要措施之一。

构建信用体系，提高相关人员的道德素质。由于政府采购涉及政府和市场主体的直接交易，不排除个别商家和政府人员勾结，破坏政府采购的纯洁性和公正性，进行不正当交易，损害了国家和人民的利益。这其中对于政府中参与采购的人员素质提出了较高的要求，要求具有较好的职业操守，能够做到廉洁自律、洁身自好。

做好信息管理工作。政府采购中，信息对于双方具有十分重要的意义。以透明真实的信息改变信息不对称下供求双方的地位，更好地服务于政府采购工作，促进供求双方的更好合作。

七、小结

公共体育服务政府采购是以法定的方式和程序，在市场上获取物资、工程和服务而提供公共体育服务的方式。政府供给的公共体育服务当前大部分是通过政府采购实现的。政府采购可能引发腐败等风险，需要通过科学的招标制度和监督、教育规避风险。

第九节　政府撤资模式

公共体育服务政府投资撤出模式主要分为一次撤出和分次撤出两种模式。政府撤资模式是公共服务市场化模式中政府介入程度最低的模式，是发挥市场私人企业作用最大的模式之一，政府在此模式中只起到宏观管制作用。一次性撤出是政府一次性撤出公共体育服务领域，它没有渐变的过程，政府瞬间由公共体育服务的安排者变成了宏观管制者，它撤出的具体形式有出售、无偿赠与、清算等；分次撤出模式是一个渐变的过程，分次撤出的具体形式主要有民间补缺、撤出、放松管制等，政府体育部门的公共体育服务职能从公共服务安排者逐渐转变为宏观管制者。

政府撤出后，作为体育管理部门需要履行管制职责：需要加强公共体育服务价格的管制，需要加强服务质量的监控，需要维护体育市场的秩序，需要对各个利益主体的协调管理。

综上所述，公共体育服务第三方组织的市场化模式多样，其PPP模式、特许经营、内部市场、合同外包、股权合作模式、补贴制及凭单消费制、使用者付费模式、政府购买、政府撤资模式的具体应用领域各有所长。因此，需综合考虑、有效运用公共体育服务市场化服务机制，提高公共体育服务的供给效率与公平性，不断满足人们日益增长的对公共体育服务的需求。

第六章

公共体育服务适度市场化管理方法与措施

第一节　公共体育服务适度市场化管理方法步骤

一、明确公共体育服务适度市场化管理的基本原则和基本理念

（一）公共体育服务适度市场化发展需要遵循一定原则

（1）公共性和公平性相结合原则

公共性主要是强调公共体育服务的对象的广度，在理论上包括全国人民，正如党的十六届五中全会提出的全体人民共享社会发展成果。公平性主要强调城市和乡村之间，发达地区和落后地区之间，不同社会阶层之间，集体和个人之间的平等性，发展程度的一

致性,发展权利的同等性①。公共性和公平性的有机结合会促进公共体育服务的质量和效率。

（2）中央与地方分工协作原则

中央和地方分工协作的原则一直是我国经济体制改革的重要原则,在公共体育服务中政府、市场和第三方共同发挥作用,但是政府始终在多元体制中发挥重要调控作用,尤其对市场和第三方的监督作用,这种调控监督作用贯彻于中央和地方。这就需要协调好中央与地方关系,合理界定中央与地方分工,强化中央和地方政府在基本公共体育服务供给中的责任。

（3）道德规范和法律法制相结合原则

推动我国现阶段的基本公共体育服务适度市场化,要充分借鉴国际经验,从我国的实际情况和公共体育需求出发来界定基本公共体育服务。实现基本公共体育服务市场化将是一个渐进过程,应加紧制定和完善基本公共体育服务的法律法规,在操作和运转中,做到有法可依、有法必依。

（4）因地制宜与可持续性相结合原则

应充分考虑基本公共体育服务的供给对于社会成员发展能力的培养和对社会可持续发展的影响,考虑"代际之间"的公平,对资源、环境等可持续发展问题,不仅考虑当代人的发展,还要顾及下一代的可持续发展,应量力而行,循序渐进,既立足当下,又兼顾

---

① 张国清,彭雨,周次保. 差异化与均等化:我国城乡体育公共服务发展的实然困境及应然选择［J］. 武汉体育学院学报,2018,52（08）:25—29.

长远①。

（二）公共体育服务领域引入市场化的基本理念

首先，服务本身的性质，是否是公共产品，是否是民众迫切需要的服务；其次，政府供给的效率和成本，确定政府供给优劣；最后，市场化供给的优势，成为对公共体育服务政府供给失灵的有效弥补。根据上述对公共体育服务各构成部分的属性分析，确定适合引入市场化的公共体育服务领域主要是公共体育场馆服务、公共体育设施服务、国民体质监测服务和公共体育信息服务等②。

二、明确公共体育服务区域的社会经济与公益性

（一）公共体育服务区域的社会经济

公共体育服务的经济效益侧重产业性，其主要内容：其一，以体育健身娱乐、体育竞赛表演和体育培养与培训为主的体育本体产业经济效益③。如在运动项目中心管理下的单项体育协会与单项体育俱乐部的经济效益；世界各国以国家地区、单位、组织等举行的

---

① 郑志彬，董雪莹．我国城乡体育公共服务的均等化目标及实现路径［J］．沈阳体育学院学报，2017，36（04）：12，12—18，24.
② 唐立慧，郇昌店等．我国公共体育服务的市场化改革研究［J］．西安体育学院学报，2010，3（27）：257—261.
③ 黄晓灵．体育经济学［M］．重庆：西南师范大学出版社，2005，6：54—55.

各种层次的体育比赛产生的直接的经济成果。其二，体育本体产业外相关产业的经济效益。本体产业外相关产业主要有：实体相关产业，如体育用品、器材设备、体育服装等以体育为重要资源和手段进行生产和服务的部门经济效益。

（二）公共体育服务区域的公益性

公共体育服务社会效益侧重公益性，其主要内容：其一，政治效益。在国际体育实践活动中，体育是人民外交的重要手段，是外交的先行官，如我国的"乒乓外交"、东德与西德的统一、朝鲜与韩国共同组队参加奥运会等。其二，造就人全面、协调、完善发展的育人效益。其三，传承礼仪庆典，记录人类潜能，提高审美意识等方面的文化效益[1]。其四，对振奋民族精神、激发爱国热情、陶冶情操、美化生活等社会主义精神文明建设起到的良性影响[2]。

三、制订公共体育服务的相关制度和工作方案

制订公共体育服务的相关制度和工作方案，包括工作计划和行为规范。根据工作方案、组织、实施，并建立工作状况的反馈机制，在实践中不断发现问题，改进工作，发展公共体育服务事业。

---

[1]　吕树庭，卢元镇．体育社会学教程［M］．北京：高等教育出版社，2001，6：147—151.

[2]　体育概论教材编写组．体育概论［M］．北京：高等教育出版社，2003，5：29—30.

用图 1 表示如下：

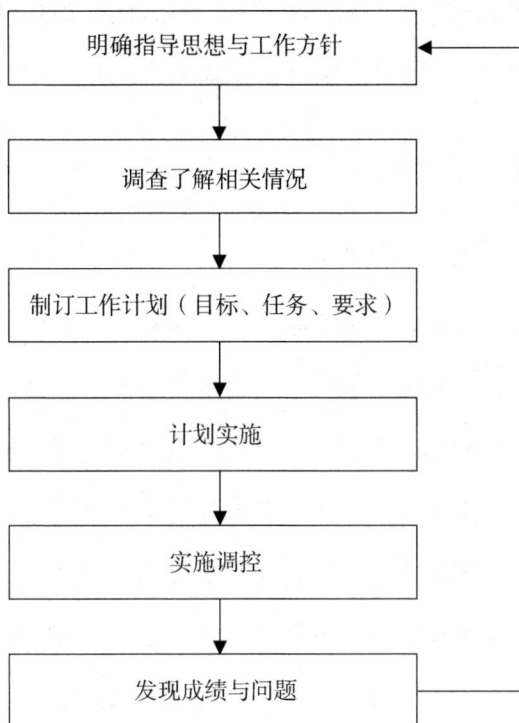

图1　公共体育服务适度市场化管理步骤示意图

第二节　公共体育服务适度市场化管理措施

一、充分发挥市场的自我矫正机制，增强市场的完全性和普遍性

由于垄断、外部性、公共物品和信息不对称等因素的影响，体育市场的理想化运行可能会出现失灵。虽然政府在一定程度上能够矫正体育市场失灵，但通常体育市场对市场失灵也有自身矫正作用，可以通过体育市场自身来修复市场失灵现象。①

（一）创造可竞争市场条件，让市场矫正垄断失灵

市场机制对体育市场失灵的矫正，主要包括完全价格差别模型、伯特兰模型、卡特尔模型等以及美国经济学家鲍莫尔等人"可竞争市场"理论。市场竞争到一定程度就会出现垄断，垄断达到一定程度时，就会导致 X 非效率，出现大量寻租，损失社会福利，出现市场失灵。马克思主义认为，垄断是在自由竞争中成长起来的，但是垄断并不能消除竞争，只能改变竞争的形式。所以说，体育市场中垄断不仅孕育着竞争，不能消灭竞争，甚至还可能加剧竞争，从而对体育市场失灵进行自我矫正。这是因为：由于技术和经济方面的原因，各个体育企业、部门和地区之间的发展总是不平衡的，不平衡就必然会出现竞争；而且，垄断自治体育组织之间，垄断体育组织和非垄断体育组织之间总是存在竞争，因为某一体育商品的生产和交易全过程很难完全集中到某一个垄断体育厂商和组织手中，更不会出现囊括所有生产部门的垄断体育组织；所以，竞争长期存在，经久不衰。

美国经济学家鲍莫尔等人"可竞争市场"理论指出：假定存在

---

① 何品帆. 市场失灵的表现及对策分析 [J]. 中国商论，2016 (11)：4—5.

156

市场进出完全自由，沉没成本绝对小的市场，潜在的竞争者可以迅速及时挤入任何高额利润的高垄断部门，不盈利则可低损耗快速撤出。这种挤入式竞争使任何一垄断市场都不可能保持高额利润，长此以往，"可竞争市场"上不存在超出正常标准的高额利润，潜在竞争的压力就会迫使任何市场结构下的企业采取竞争行为，良好的生产效率和技术效率也可以在垄断市场存在。可竞争市场理论不鼓吹无约束的市场能够自动解决一切经济问题，不否认政府规制和反托拉斯措施的作用，他们主张一方面积极研究能够减少沉没成本的新技术、新工艺，另一方面要排除一切人为的不必要的进入和退出壁垒，让体育可竞争市场条件日渐具备，使市场对垄断所造成的体育市场失灵的矫正作用日渐增强。

（二）明晰产权降低交易成本，让市场矫正外部性失灵

在完全体育竞争市场上，仅仅通过价格机制就能够合理配置经济资源，但是在实际市场中，有些成本和收益不但没有，更是没法包含在相应的成本和收益中，不完全的市场就此出现，这就存在外部性。

科斯指出：在交易费用为零的情况下，无论明晰的初始产权是如何界定的，外部性所涉及的双方总会认识到与对方进行某种交易是有利的，于是他们会在市场机制的引导下通过谈判寻找到使各自利益最大或者损失最小的合约安排，进而实现经济资源的合理配置。科斯定理揭示了通过市场机制来解决外部性的可能性，而且市

场机制对外部性的矫正需要一定的条件，即明晰的产权和较低的交易成本。这个条件可以通过政府规章制度来实现，也可以通过社会道德规范和市场信用机制来实现。当交易成本为正时，如果产权界定给估价最高的当事人时，利用明确界定的产权之间的自愿交换达到的资源的配置也是有效率的。可见，即使在正交易成本的条件下，市场机制也能够在一定程度上矫正体育市场失灵。

（三）赋予不同产品适度收费权，让市场矫正公共物品失灵

市场机制在矫正公共物品所导致的失灵上最为明显的是在如公共桥梁、公共游泳池、公共教育及公共视讯等俱乐部产品或准公共物品上，只要政府建立适当的管理制度并赋予市场一定的收费权，私人或者市场也是可以生产和提供这些公共物品的。实际上，市场不仅可以有效提供准公共物品，也可以提供部分纯公共物品。市场之所以能够提供公共物品，是因为我们可以通过一定的手段改变其非排他性的性质，从而把公共物品"转化"为私人物品。比如，由于体育俱乐部产品的消费可以通过付费等约束条件进行"选择性进入"，这样就可以把试图"搭便车者"的体育消费者排除在外，可以大幅度地降低私人提供公共产品的交易成本，从而激励私人提供某些公共产品。当然，私人若想成功地提供公共体育产品必须要有一系列的技术和制度条件来保障，其中最重要的制度安排是体育产权制度。只有明确界定私人对某一公共体育物品的产权，并且有一系列制度安排来保护体育产权的行使，私人才有动力来提供某一公

共体育产品。

（四）完全信息结合契约激励，让市场矫正信息不对称失灵

在交易双方信息完全的情况下，高质量和高效益的厂商和产品会得到更多的资源配置，低效率和低质量的厂商和产品只会得到更少的资源。但是，在信息不完全的现实市场中，不同质量的产品常以相同的价格交易，结果就会出现"劣品驱逐良品"的逆向选择，就会存在动机的"时间不一致性"的道德风险。逆向选择和道德风险的存在，使得体育市场参与者人数减少，使得体育市场交易量降低，使体育交易成本明显增加，甚至导致体育市场的完全消失。

从信息经济学来看，信息少的一方如何得到私人信息是解决逆向选择的关键，是否有必要去获得隐藏的信息，从哪里获得信息是信息需求者必须考虑的问题。体育商品和要素高价格折射出商品和要素的高质量，而低价格则反映了体育商品和要素的低质量，市场价格信号有助于克服商品和要素市场上隐藏信息所导致的逆向选择。依靠体育市场分工和市场信用，这些机构为了生存下去必须取信于体育信息的消费者，提供真实有效的信息。

有效的激励机制是克服道德风险的关键。通常道德风险是出现在契约签订之后，为了减少道德风险对委托人可能造成的损失，契约中就要包括一些鼓励或者激励代理人的条款和内容。尽管激励制度或者形式是多种多样的，比如承包制、租赁制、股份制、固定工资、奖金以及期权都是不同的激励制度，但是有效的机制设计的基

本思路，就是使体育代理人的最大利益与体育委托人的最大利益协调统一起来，使体育代理人主观为自己的选择，客观也为了体育委托人。这种机制设计思想实际上就是亚当·斯密的"看不见的手"的原理，也就是市场机制的原理。

在纠正控制失灵时，政府和市场都发挥了自身的作用，实际上在市场与政府之间还有一个体育市民社会，市民社会属于第三方非政府组织，第三方在解决体育市场失灵的过程中能够发挥巨大作用。

二、建设政府职能可调节机制，规范有限的政府做有限的事

政府职能准确定位，政府应将工作重点从以经济建设为中心转到提供公共服务上，树立服务至上的行政价值观。

（一）提高素质，有效监督，规避官员"经济人"谋私利

提高政府体育主管机构和相关机构工作人员的素质，培养公共精神，克服"经济人"的局限性，减少寻租腐败现象。治理公共体育服务政府失灵时，除了通过培训学习提高政府体育工作人员的素质之外，还应注重转变政府体育工作人员的观念和意识，培养体育工作人员的公共精神、服务精神，扭转官本位的思想，鼓励体育工作人员多奉献，以公众的利益为先，将个人的目标与政府所追求的社会公共利益相协调，从根本上杜绝寻租腐败现象的再发生，维护

权力的公平公正。

健全的监督体系是执政党和政府正确决策和保持廉洁的保障，它既要约束政府工作人员作为"经济人"的行为，又要约束各个政府机构的整体作为，并对违法行为予以相应的惩罚。行政监督作为政府的内部监督应当予以加强，可以通过以下五个方面进行，一是实行行政问责制；二是加强行政检查；三是对重点问题实行重点监督；四是利用社会压力进行行政监督；五是严格奖惩。①

（二）维护竞争，限制垄断，规避政府监管的新外部性

政府限制体育垄断，维护体育市场竞争。政府要限制体育行业垄断，维持体育市场竞争具体应做到以下三点：一是加强体育产品的成本监控，科学规范价格制定体育产品成本。二是依据现有的反垄断的法律规制，逐步建立、完善体育行业中反垄断法律法规。三是引进新的体育外资企业，逐渐打破国内体育行业垄断。构建体育社会管理负外部性的消除或转化机制。首先，提前制定消除负体育面影响的预防机制；其次，公共体育社会管理政策的试点、评估，找出执行中所带来的负效应，并探索解决方案，完善政策后再全面推广；再次，公共体育管理部门应树立服务意识，文明行政、依法行政，密切联系群众，提高公信力；最后，探索通过罚款和税收、消除污染的补贴、交易许可证等市场方法和政府直接管制的行政方

---

① 李玲，陈佩娇. 关于我国政府失灵的研究综述［J］. 云南社会主义学院学报，2012，3：21—22.

法解决体育供给社会环境的负外部性问题。

对于公共体育服务市场化正的外部效应内在化的政府矫正性财政补贴，其作用有以下几点：一是实现公共体育资源配置的帕累托最优，通过调整产量到社会边际效益等于社会边际成本的最佳水平；二是增加体育消费者效益，鼓励体育消费。对于负的外部效应内在化的政府矫正性税收的作用：一是实现公共体育资源配置的帕累托最优，调整产量到社会边际效益等于社会边际成本的最佳水平；二是实现部分收入转移对受害企业或消费者进行补偿。

（三）培育市场，合理放权，优化创新公共产品供给机制

创新公共体育社会公共物品的供给模式，可以尝试通过公私合作的方式，如萨瓦斯就推荐可以通过"服务外包、运营和维护的外包或租赁、合作组织、租赁—建设—经营、建设—转让—经营、建设—经营—转让、外围建设、购买—建设—经营"等方式创新社会公共产品的供给。

政府可以采取多种经济资助手段，鼓励民营企业生产公共体育产品，国家可以采取多种经济资助手段，比如补助津贴、优惠贷款、无偿赠款、减免税收等引导民营企业参与公共体育产品生产。

（四）科学决策，提高服务，构建高效率的政府运行机制

在我国，改善公共体育服务社会管理决策体制具体可以从以

下几个方面着手：首先，在公共体育服务社会公共决策的制定过程中应以最大多数人的最大利益为政策追求；其次，完善发挥人民代表大会的对重大社会决策的审计、监督职能，确保公共体育服务的社会公共决策服务于民；再次，构建社会公共决策的公民参与机制，拓宽参与渠道，鼓励公民参与决策过程，提高体育政策的代表性；最后，构建公民对社会公共政策的监督平台，政府应做好信息公开，及时、准确公开社会决策信息，鼓励公民监督，尤其重视公共体育决策的社会舆论监督，依托新兴的网络媒介，确保监督实效。[①]

为有效提高政府公共体育服务的社会管理服务效果，首先，最重要的着力点应是转变政府体育部门的职能，树立服务型政府体育部门的建设目标。其次，要深化公共体育服务社会管理体制改革，保障和改善民生，维护社会公平正义，构建和谐社会建设的长效机制。再次，要优化公共体育服务社会管理的权力架构，政府向社会放权，切实保障公民在社会管理中的知情权、表达权、参与权、监督权，形成政府、社会组织、公民多中心治理的机制。最后，完善公共体育服务的社会监督机制，确保政府体育部门及官员行为的公共利益取向。

治理政府失灵的重要措施就是要提高政府体育机构的工作效率。要在政府体育机构内部建立起竞争机制，鼓励政府体育机构内

---

① 魏俞满，矫正我国政府社会管理失灵的对策探析［J］. 长春理工大学学报（社会科学版），2013，6（25）：6.

部各个工作人员相互学习、相互竞争、相互提高。此外，政府机构应该鼓励体育工作人员不断提升自己的素质，参加培训学习，不断熟悉业务，提高政府机构的工作效率。①

---

① 彭博. 纠正市场失灵的对策分析［J］. 经济与管理，2011，4（25）：11—17.

第七章

结论与建议

一、结论

（1）政府和市场相辅相成，互补互控。政府是有限的政府，有限的政府管理有限的事，否则政府就会失灵；市场竞争环境不合理，价格机制功能不发挥，市场也会失灵；政府失灵时需要市场发挥作用，市场失灵时需要政府发挥作用，政府和市场都失灵时需要政府和市场共同发挥作用，甚至需要第三方的参与综合发挥作用；并且，有限的政府，不完全的市场，独立的第三方，始终离不开政府"有形的手"的管控，政府的管控必须得到多方有效的监督，政府职能的合理定位，政府管理权限得到有效监管，市场才会得到充分发展，使有限性政府和适度的市场化相互促进、共同发展。

（2）各级政府体育主管部门及相关部门是公共体育服务的纯公共产品和公共资源准公共产品供给的责任主体，起核心主导作用；

企业和私人是公共体育服务私人产品和俱乐部体育产品的责任主体，是市场的代表，是市场化的关键；第三方非政府组织是公共体育服务的准公共产品和俱乐部产品的责任主体，是政府和市场共同的发展主体；三个主体需要相互补充、相互促进，以发挥各自的优势，形成政府与民间多方平等参与、多元合作、良性互动的公共体育服务新格局。

（3）政府主要提供固化程度高、投入成本大、经济效率低、投资回收周期长、社会关注热度低、需求受众规模小、发展趋势不明朗等无利可图、市场不愿、第三部门又不能提供的公共体育服务；市场（企业和私人）主要提供可移变性程度高、投入成本低、经济效率高、投资回收周期短、社会关注热度高、需求受众规模大、发展趋势明朗等以满足公众个性化体育消费需求的、有盈利空间的公共体育服务；第三方非政府组织主要提供投入成本中等、经济效率中等、市场参与热情不高、政府供给涉及不到的一部分公共体育服务。

（4）我国公共体育服务市场化运作的界限或波动区间应在可控范围内，初步形成的多元化供给主体的行政型市场化运行模式在实际操作过程中应该避免多主体重叠供给和发生供给主体责任转移，各个供给主体的供给范围应该有清晰明确的界定，避免在供给过程中产生"缺位""错位""越位"的现象。

（5）我国公共体育服务第三方组织的市场化模式多样，其内部市场化模式、使用者付费模式、合同外包模式、特许经营模式、股权合作模式、补贴模式、凭单制消费模式、一次撤出、分次撤出模式的具体应用领域各有所长，其市场化程度由低到高依次增强。

（6）我国现阶段可以通过"提高素质，有效监督，规避官员'经济人'谋私利；维护竞争，限制垄断，规避政府监管的新外部性；培育市场，合理放权，优化创新公共产品供给机制；科学决策，提高服务，构建高效率的政府运行机制"等调控手段建设公共体育服务型政府机构，让有限的政府做有限的体育监管之事。

通过"创造可竞争市场条件，让市场矫正垄断失灵；明晰产权降低交易成本，让市场矫正外部性失灵；赋予不同产品适度收费权，让市场矫正公共物品失灵；完全信息结合契约激励，让市场矫正信息不对称失灵"等手段充分发挥市场的自我矫正机制，增强体育市场的完全性和普遍性。

二、建议

提供公共产品为主的有限政府和不完全、不普遍的市场都需要通过自身自我矫正优化，都需要彼此的互补来弥补各自的缺陷，甚至还需要第三方的参与共同作用推动发展；但是，政府、市场和第三方各自的优化发展或共同的发展都需要一定的条件，如果离开了各自发展满足的条件，这些作用都会失灵；所以，政府的干预，市场的竞争，社会第三方的参与都必须适度发展，都必须合理控制自身发展的边界。在体育产品供给中，至少涉及公共体育产品、体育准公共产品（公共资源）、体育俱乐部产品、体育私人产品，这些产品的供给从现代经济社会发展的现实看，政府、市场和第三方都可能成为生产者、消费者和交易参与者；随着供给消费主体的多元化发展，交易途径的多样化，交易信息的复杂化，各个主体的活动边界必定需要得到较好的厘清，各个主体的发展也必然需要有效控制，使其各自适度发展。

参考文献

[1] 李丽，张林．体育公共服务：体育事业发展对公共财政保障的需求 [J]．体育科学，2010，30 (6)：53—58.

[2] 周晓丽．新公共管理：反思、批判与超越——兼评新公共服务理论 [J]．公共管理学报，2005，(1)：43—48.

[3] 国家发展改革委、国家体育总局．关于印发"十二五"公共体育设施建设规划的通知 [EB/OL]．(2012—09—18).

[4] 刘熙瑞．服务型政府——经济全球化背景下中国政府改革的目标选择 [J]．中国行政管理，2002，(7)：5—7.

[5] 彭向刚，王郭强．服务型政府：当代中国政府改革的目标模式 [J]．吉林大学社会科学学报，2004，(4)：123—124.

[6] 国家体育总局政法司．体育事业发展"十二五"规划 [EB/OL]．(2011—04—01) [2012—09—01]．http://www.sport.gov.cn/n16/n1077/n1467/n1843577/1843747.html.

[7] 郇昌店，肖林鹏，杨晓晨．我国公共体育服务研究框架探

讨 [J]. 山东体育学院学报, 2009, 25 (2): 4—9.

[8] 刘亮. 我国体育公共服务的概念溯源与再认识 [J]. 体育学刊, 2011, 18 (03): 34—40.

[9] 郇昌店, 肖林鹏, 李宗浩, 杨晓晨. 我国公共体育服务发展述评 [J]. 体育学刊, 2009, 16 (06): 20—24.

[10] 陈斌, 韩会君. 公共体育服务概念的科学认识——基于术语学的视阈 [J]. 广州体育学院学报, 2015, 35 (02): 7—11.

[11] 吕树庭, 王菁. 体育公共服务, 还是公共体育服务——概念间关系的梳理与辨析 [J]. 广州体育学院学报, 2016, 36 (01): 1—6, 56.

[12] 郝利玲. 我国公共体育服务多元供给的协同创新模式及推进路径 [J]. 上海体育学院学报, 2017, 41 (06): 54—58, 65.

[13] 王美红, 李淑媛, 张冬梅. 公共体育服务市场化的困境及对策研究——以吉林省四平市为例 [J]. 中国学校体育 (高等教育), 2014, 1 (09): 18—21.

[14] 陈斌. 体育公共服务的市场化改革的内涵、动因和制约因素 [A]. 中国体育科学学会 (China Sport Science Society). 第九届全国体育科学大会论文摘要汇编 (3) [C]. 2011: 1.

[15] 刘玉. 体育公共服务市场化改革——发达国家经验及借鉴 [J]. 北京体育大学学报, 2012, 35 (11): 6—10.

[16] 李亚男. 我国公共服务市场化研究 [D]. 山西大学, 2013.

［17］郝利玲．我国公共体育服务多元供给的协同创新模式及推进路径［J］．上海体育学院学报，2017，41（06）：54—58,65.

［18］王暐琦．发达国家公共体育服务市场化改革经验与我国发展理路探索［J］．阜阳师范学院学报（社会科学版），2017（02）：151—156.

［19］E.S.萨瓦斯．民营化与公私部门的伙伴关系［M］．周志忍等译．北京：中国人民大学出版社，2002：74.

［20］B.盖伊·彼得斯．政府未来的治理模式［M］．吴爱明，夏宏图等译．北京：中国人民大学出版社，2001：56.

［21］曹现强．当代英国公共服务改革研究［M］．济南：山东人民出版社，2009：14.

［22］房萌萌．论西方国家公共服务市场化及对中国的启示［D］．西北大学，2007.

［23］刘美萍．论公共服务市场化与我国非政府组织的发展［J］．徐州师范大学学报，2007，33（1）：120—126.

［24］谭英俊．公共服务市场化改革比较研究［J］．商业研究，2012，31（7）：31—37.

［25］孙小溪．我国公共服务市场化运作的改进研究［D］．大连理工大学，2008.

［26］李萍．我国政府公共服务市场化问题研究［D］．郑州大学，2007.

［27］刘厚金．我国公共服务市场化的问题分析与完善对策

[J]．江西社会科学，2009，(6)：205—210.

[28] 徐锦贤．公共服务市场化与政府监管责任的重构 [J]．领导科学.2010，(29)：26—28.

[29] 董留学．我国政府公共服务市场化研究 [D]．郑州大学，2005.

[30] 王艳，马宁．对西方国家公共服务市场化改革的反思 [J]．太原理工大学学报.2006，24 (1)：38—41.

[31] 师铭．我国公共服务市场化中的政府监管问题研究 [D]．山东师范大学.2013.

[32] [美] 詹姆斯·布坎南著．吴良健等译．自由、市场和国家 [M]．北京：北京经济学院出版社，1988：18.

[33] 刘丹．我国农村公共服务供给机制研究 [D]．湖南师范大学，2011：11.

[34] 曾正滋．公共行政中的治理：公共治理的概念 [J]．重庆社会科学，2006 (8)：33.

[35] 李军鹏．公共服务型政府 [M]．北京：北京大学出版社，2004：22—23.

[36] 汪雷．基层政府公共服务供给能力研究 [M]．合肥：合肥工业大学出版社，2013：21.

[37] 陈华栋，顾建光，裴锋．新公共管理理论及实践模式探析 [J]．求索，2005，(7)：42.

[38] Owen hughes, Public Management and Administration：An

Introduction，Macmillan Press LTD. st. Martin's Press，1998：1.

［39］欧文·E. 休斯. 公共管理导论（第二版）［M］. 北京：中国人民大学出版社，2001：70—71.

［40］刘文萃. 基于新公共服务理论的我国服务型政府建设问题探析［D］. 山东大学，2006：13—18.

［41］［美］珍妮特·V. 登哈特，罗伯特·B. 登哈特. 新公共服务：服务而不是掌舵［M］. 北京：中国人民大学出版社，2004.

［42］辞海编辑委员会. 辞海［M］. 上海：上海辞书出版社，1979.

［43］刘蕾. 公共品本质属性探究［J］. 华东经济管理.2008，22（7）：124—127.

［44］保罗·萨缪尔森，威廉·诺德豪斯. 经济学［M］. 北京：人民邮电出版社，2004：301—302.

［45］肖林鹏. 论我国公共体育服务供给的基本问题［J］. 体育文化导刊，2008.1.10—12.

［46］李砚忠. 关于我国公共服务市场化若干问题的分析［J］. 社会科学，2007（8）：61—66.

［47］［美］詹姆斯·安德森. 公共决策［M］. 唐亮译，北京：华夏出版社，1990：222.

［48］刘玉. 体育公共服务市场化改革——发达国家经验及借鉴［J］. 北京体育大学学报，2012，35（11）：6—10.

［49］礼琼. 中美公共服务市场化比较及其启示［J］. 中国行

政管理，2011（7）：66.

[50] 杨晓璇，洪名勇，蔡艳.产能过剩与市场化程度关联性研究——一个典型事实 [J].中国集体经济，2018（21）：12—14.

[51] 彭博.纠正市场失灵的对策分析 [J].经济与管理，2011，4（25）：11—17.

[52] 李玲，陈佩娇.关于我国政府失灵的研究综述 [J].云南社会主义学院学报，2012，3：21—22.

[53] [日] [美] 戴维·罗森布鲁姆，罗伯特·克拉夫丘克.公共行政学：管理、政治和法律的途径 [M].张成福译.北京：中国人民大学出版社，2002.

[54] 郑春芳，龙海红.中国经济市场化程度的估算 [J].价格理论与实践，2011（5）：44.

[55] 王学实，汤起宇.论体育的市场机制引入——"体育可以产业化而不能市场化"质疑 [J].天津体育学院学报，2007，22（3）：211—234.

[56] 张仁寿，丁小伦.国外大型体育场馆的运营模式与经验借鉴 [J].广东经济，2006，（11）：21—23.

[57] 唐立慧，郇昌店等.我国公共体育服务的市场化改革研究 [J].西安体育学院学报，2010，3（27）：257—261.

[58] 任海，王凯珍，肖淑红.论体育资源配置模式——社会经济条件变革下的中国体育改革（一）[J].天津体育学院学报，2001，16（2）：1—5.

［59］周晓丽．新公共管理：反思、批判与超越——兼评新公共服务理论［J］．公共管理学报，2005，（1）：43—48．

［60］新华社．中共中央关于全面深化改革若干重大问题的决定［EB/OL］．（013—11—15）［2013—12—01］．http：//news. xinhuanet. com/politics/2013—11/15/c 118164235. htm. 2.

［61］郇昌店，肖林鹏，杨晓晨．我国公共体育服务研究框架探讨［J］．山东体育学院学报，2009，25（2）：4—9．

［62］沈志荣，沈荣华．公共服务市场化：政府与市场关系再思考［J］．中国行政管理，2016（03）：65—70．

［63］米本家．公共服务市场化：成效、困境及路径选择［J］．西南大学学报，2012，38（3）：166—172．

［64］贾玉琛．县域体育公共服务市场化的研究［D］．山西师范大学，2014．

［65］李国荣．民营之路［M］．上海：上海财经大学出版社，2006：235—246．

［66］刘亮，吕万刚等．新时期我国体育体制的理性化重塑——研究路径回顾与分析框架探索［J］．体育科学，2017.7（36）：3—9．

［67］张心怡，董芹芹．中西方体育社会组织的比较研究［J］．体育成人教育学刊，2016.32（4）：79—81．

［68］《中共中央关于全面深化改革若干重大问题的决定》的实施意见［N］．湖南日报，2014—02—13（006）．

［69］吴练达，韩瑞．纠正市场失灵的第三种机制［J］．财经科学，2008，6（243）：81—84．

［70］陈振明．公共服务导论［M］．北京：北京大学出版社，2011．

［71］休谟．人性论［M］．北京：商务印书馆，1980．

［72］卢先明．公共物品与政府职能［J］．中南财经政法大学学报，2005（1）．

［73］曼瑟尔·奥尔森．集体行动的逻辑［M］．上海：上海三联出版社，1995．

［74］Demsetz, H. The Private Production of Public Goods［J］. Journal of law and Economics. 1970（13）：294—306.

［75］李国英．地方公共物品供给的民营化研究［M］．长沙：湖南大学出版社，2005．

［76］E. S. savas. Privatization And Public Private Partnerships［M］. NewYork：Chatam House, 2000.

［77］欧文·E. 休斯著，彭和平等译．公共管理导论（第二版）［M］．北京：中国人民大学出版社，2001

［78］Jonathan P. Doh and Ravi Ramamurti. Reassessing Risk in developing Country Infrastructure［M］. Long Range Planning. 2003, 36：337—353.

［79］刘志．PPP 模式在公共服务领域中的应用和分析［J］．建筑经济，2005（7）：13—18．

[80] Owen G. Mema A. The private Finance initiative [J]. Engineering, Construction and Architectural Management, 1997, 4 (3).

[81] 刘波, 邹玉玲. 公共物品理论视角下我国公共体育场馆民营化改革的思考 [J]. 首都体育学院学报, 2007, 20 (4): 46—48.

[82] 范海霞. 北京奥运会特许经营计划实施情况及对策研究 [D]. 上海: 华东师范大学, 2009: 3.

[83] 涂晓芳. 论城市公共物品的有效供给 [J]. 郑州大学学报 (哲学社会科学版), 2001, 34 (6): 54.

[84] 吴庆, 陈小红. 基础设施融资指南 [J]. 中国投资, 2001, (6): 51.

[85] 霍亮, 边萍, 杨傲淞. 公共体育场馆特许经营方式探析 [J]. 体育文化导刊, 2011 (03): 91—93.

[86] 车春鹏. 公共投资项目特许权经营面临的问题与对策研究 [J]. 基建优化杂志, 2006 (27) 5: 86—88.

[87] 田宝山, 田燏甲, 郭修金, 邬昌店. 公共体育服务市场供给的方式选择、角色定位及机制实现 [J]. 山东体育学院学报, 2016, 32 (02): 23—28.

[88] 张广选. 基于BOT模式的大型体育场馆风险管理研究 [D]. 西安建筑科技大学, 2011.

[89] 李博韬. 对国家体育馆BOT项目风险识别和对策的研究 [D]. 北京邮电大学, 2006.

[90] 陈存志, 王常青, 陈华东. 我国大型体育场馆BOT融资

存在问题及对策研究 [J]．商场现代化，2008，06：181—182.

[91] 吴建依．论我国公共体育设施特许经营的困境与出路 [J]．社会科学研究，2012 (6)：73.

[92] 黄永京等．民间资本在美国体育场馆融资中的作用探析 [J]．山东体育学院学报，2006，22 (1)：39.

[93] 新华网．佛山：中体摘"明珠" [EB/OL]．http//www. xinhuanet. comldishil2004—11/19/content 3248406. htm.

[94] 句华．公共服务中的市场机制：理论、方式与技术 [M]．北京：北京大学出版社，2006，160.

[95] 引自十运会官方网站，综合而成。

[96] [美] 迈克尔·麦金尼斯：多中心体制与地方公共经济 [M]．上海：上海三联书店，2000，118.

[97] 宋世明．美国行政改革研究 [M]．北京：国家行政学院出版社，1999.

[98] 世界银行．1994 世界银行发展报告：为发展提供基础设施 [M]．北京：中国财政经济出版社，1994，49.

[99] 顾丽梅．信息社会的政府治理 [M]．天津：天津人民出版社．2003，134.

[100] [美] 奥斯本著．周敦仁译．改革政府：企业家精神如何改革着公营部门 [M]．上海：上海译文出版社，1996：322.

[101] 李红霞．理解凭单制：渊源、机制、模式及运用 [J]．福建行政学院、福建经济管理干部学院学报，2005，(1)：18.

[102] 毛寿龙.西方政府的治道变革［M］.北京：中国人民大学出版社，1998.

[103] 刘婷.从美国的凭单制度看金融危机背景下的"消费券"热潮［J］.财会研究，2009，(6)：78.

[104] 教育券：能否助推教育投入改革［N］.人民日报，2003—01—07.

[105] 职业性利益集团是指掌握专门技能，承担提供政府公共服务任务的组织和团体。

[106] 石景山区明年发放两百万健身券为百姓健身买单［EB/OL］.http：//www.fjsen.com/p/2011—10/18/content 6421815.htm.

[107] 资料来源于苏州体育局。

[108] 市民健身可以刷医保卡了 中账户余额超过 3000 元部分可购买健身服务［N］.金陵晚报，2014—1—15，D07 版.

[109] 管斌.市场化政府经济行为及其法律规制［D］.湖南大学，2007：155.

[110] 姚军.英国公共服务合同外包：历史背景及政策发展［J］.科技管理研究，2014，(14)：192—197.

[111] 冯伟.国家"苏南现代化示范区"公共体育服务有效供给模式及效率研究［D］.苏州大学，2016.

[112] 长沙贺龙体育中心.长沙贺龙体育中心 2004 年上半年工作总结及下半年工作思路［C］.长沙贺龙体育中心内部资料，2005.

[113] 曹富国. 国外政府采购理论研究［J］. 国外社会科学, 1998（3）. 22—26.

[114] 刘源, 孙博, 管泽锋. 国内外关于政府采购基本理论研究的文献述评［J］. 中国政府采购, 2009（3）: 70—73.

[115] 陈振明. 公共服务导论［M］. 北京: 北京大学出版社, 2011.

[116] 张恩利. 我国体育公共服务与体育公共政策研究述评［J］. 河北体育学院学报, 2012（1）: 8—11.

[117] 邓先娥. 经济学基础［M］. 北京: 人民邮电出版社, 2013.

[118] 张建会, 刘振江. 我国群众体育公共服务供给过程中的政府职能研究［J］. 河北体育学院学报, 2012（2）: 10—13.

[119]《杭州市政府采购公益文化产品和服务试行办法》, 2005. 3. 21.

[120] 资料来源于国家体育总局网站。

[121] 潘玉欧. 控制和防范政府采购风险的思考［J］. 财会研究, 2006. 9. 9—10.

[122] 冯伟. 国家"苏南现代化示范区"公共体育服务有效供给模式及效率研究［D］. 苏州大学, 2016.

[123] 刘旭东, 曾强, 苏欣. 全民健身背景下公共体育服务资源配置研究［J］. 哈尔滨体育学院学报, 2017, 35（06）: 26—30.

［124］汪文奇，金涛，冯岩.新时代体育社会组织参与体育治理的机遇、困境与策略行动［J］.武汉体育学院学报，2018，52（11）：12—17.

［125］来博.多元供给模式下我国公共体育服务供给侧结构性改革研究［J］.广州体育学院学报，2018，38（01）：34—37.

［126］鲍延磊.市场化进程与宏观调控机制建设［J］.经济界，2009（02）：82—85.

［127］张国清，彭雨，周次保.差异化与均等化：我国城乡体育公共服务发展的实然困境及应然选择［J］.武汉体育学院学报，2018，52（08）：25—29.

［128］郑志彬，董雪莹.我国城乡体育公共服务的均等化目标及实现路径［J］.沈阳体育学院学报，2017，36（04）：12，12—18，24.

［129］唐立慧，郇昌店等.我国公共体育服务的市场化改革研究［J］.西安体育学院学报，2010，3（27）：257—261.

［130］黄晓灵.体育经济学［M］.重庆：西南师范大学出版社，2005，6：54—55.

［131］吕树庭，卢元镇.体育社会学教程［M］.北京：高等教育出版社，2001，6：147—151.

［132］体育概论教材编写组.体育概论［M］.北京：高等教育出版社，2003，5：29—30.

［133］何品帆.市场失灵的表现及对策分析［J］.中国商论，

2016（11）：4—5.

[134] 李玲，陈佩娇. 关于我国政府失灵的研究综述 [J].
云南社会主义学院学报，2012，3：21—22.

[135] 魏俞满，矫正我国政府社会管理失灵的对策探析 [J].
长春理工大学学报（社会科学版），2013，6（25）：6.

[136] 彭博. 纠正市场失灵的对策分析 [J]. 经济与管理，
2011，4（25）：11—17.

附　录

1. 问卷调查表

问卷一：

公共体育服务引入市场化专家意见调查表

尊敬的专家：您好！

为了探讨我国公共体育服务适度市场化管理模式，我们设计了下表，请您对下列关于构建公共体育服务引入市场化发表意见，并根据表中相应的五种态度，任选一项符合您的观点的态度，并在相应的方框中打"√"，您的回答对我们的研究将有很大的帮助，问卷涉及的问题不存在正确与否，也无好坏之分。如果您还有其他好的建议，可以在"＿＿＿"填写。

此致

敬礼！

公共体育服务引入市场化的专家意见

	专家意见（从左至右五个选项依次为 4 - 3 - 2 - 1 - 0 分）					得分	排序
	完全同意	同意	一般	不同意	很反对		
增加供给方式，提高供给效率							
引入竞争机制，打破政府垄断							
增强成本管理，降低服务成本							
加强风险管理，规避实施风险							
培训市场壮大，转换政府职能							
建立信息平台，促进信息对称							
完善契约管控，监督主体责任							

其他建议：_____

2. 专家访谈提纲

访谈提纲一

问题 1：您怎样看待"公共服务"中体育服务的界定？您怎样看待"公共体育服务"的提法？

问题 2：您认为我国现阶段是否有必要在公共服务中引入市场机制，走市场化道路？

问题 3：您认为我国公共服务中存在的市场失灵和政府失灵的现象会波及公共体育服务中吗？请谈一谈您的理由。

问题 4：您对现行的体育服务业发展有何希望和建议？

访谈提纲二：

问题 1：您认为当前我国公共体育服务中存在哪些问题？主要原因是什么？

问题2：您认为当前我国公共体育服务供给主体是否合理？您认为我国公共体育服务最佳的供给主体是谁？

问题3：您认为目前我国公共体育服务的模式有哪些？这些服务模式有什么优劣势？

问题4：您认为当前我国公共体育服务市场化的主要内容有哪些？

问题5：您认为当前我国公共体育服务市场化应该怎样进行调控？调控中怎样发挥政府的职能？